JN026617

ヴェルサイユの宮廷生活

マリー・アントワネットも困惑した159の儀礼と作法

ダリア・ガラテリア
Daria Galateria
ダコスタ吉村花子 訳

原書房

ヴェルサイユの宮廷生活

目次

昔々、ヴェルサイユでは……

ヴェルサイユの宮廷作法《エチケット》は、現代の私たちの目には突飛に映るかもしれない。当時の回想録作家たちは何百頁も割いて、序列や優先権に関する興味深くも常軌を逸した議論を展開したが、それも今となっては無意味に感じられる。本書の原典でもあるこうした回想録を著した人々は第一に語り手であり、彼らが宮廷作法《エチケット》に言及するのはもっぱら、それがないがしろにされた場合、特にそのために悪影響や滑稽で途方もない展開が起きたときだった。太陽王と謳われたルイ一四世は宮廷儀式を大々的に復活させた立役者だが、宮廷作法《エチケット》を改革すると同時に、「ブルジョワ層の支配」を確立したとも考えられている。こうしたことの背景には一連のきわめて特殊な状況があり、一七五五年に商人たちが請求した蠟燭代金の莫大な未払い金とも関係している〔39頁参照〕。けれどもまずは、少々時代をさかのぼってみよう。

田舎の家

最初に登場するのは、「折《タ》り畳み式《ブ》床几《レ》」または「着席権《ダーム・》のある貴婦人《アシズ》」だ。王妃の「サークル」つまり集まりでは、特権的な人々はタブレと呼ばれる折り畳み式床几（あるいはほぼ同等の折り畳み椅子）に座ることを許されていたが、男性や着席権のない婦人などその他の者たちは立ったままだった。一六七〇年のある夜のこと、王妃の部屋でゲーム会が開かれた。英雄で誘惑者、男色家で不能症とも言われたギーシュ伯爵はほかの人々に交じって立っていたが、座っていた貴婦人の手が伸びてきて、帽子で隠されたある部分に触れるのを感じた。貴婦人は別の方向を向いていたが、伯爵はいたずらっぽく帽子をずらした。このエピソードを書き留めたプリミ・ヴィスコンティは、占い師としての名声のおかげでヴェルサイユ宮廷入りしたイタリアの冒険家だが、ヴェルサイユで着席権のない枢機卿たちが男女の人だかりに揉まれているのを見て目を丸くした。マルダッキーニ枢機卿も男女が気安く話しているのを目にして、「何と胸の弾むこと！」と感嘆し、パストラーナ公爵はヴィスコンティに「売春宿そのもの」と漏らした。

ルイ一四世の教育係マザランが実質的な宰相を務めていた時代、折《タ》り畳み式《ブ》床几《レ》に座ることができたのは枢機卿たちだけで、枢機卿だったマザランも習慣的に宮廷人の見守る中、儀式の一環として朝の身支度を整える王妃の前で座っていた。けれどもこれは宮廷作法《エチケット》上正しいことではなく、国王が入室すると、枢機卿たちは立ち上がって床几をしまわねばならなかった。一方、内親王――王室の血を引く、つまりユーグ・カペーの直系女性王族たち――は、訪問してくる枢機卿たちをドアのところまで見送らねばならなかったが、そうしたくないがためにベッドから動かなかった。逆にルイ一五世の摂政の息子、オルレアン公爵ルイはいつも枢機卿たちを回廊のところまで見送りながら、「これは義務だ、これは義務だ」とつぶやいていた。つまり、いやいやながら見送っていたのだ。

「休息用長椅子」は実用的であると同時に、形式的な小道具だった。あるとき、宰相リシュリュー枢機卿がタラスコンで病気になり、ルイ一三世は見舞いに訪れた。すると、枢機卿の長椅子の横に国王のための休息用長椅子が用意され、二人は横になったまま長い時間話し合った。これは当時のしきたりで、ルイ一四世が卑劣な人物として知られるヴィラール大元帥の病床を訪れたときも、同様のしきたりが踏襲された。

治安監督官の息子ダルジャンソン侯爵によれば、王妃のベッドに横になることができるのは国王だけである。ある日、国王のお気に入りの姪の娘ブルゴーニュ公爵夫人が、国王の愛妾マントノン夫人の寝室にいるときに気分が悪くなった。するとマントノン夫人は急いでソファにクッションを置いた。公爵夫人が自分のベッドに横になる事態を避けるためだ。このことからダルジャンソンは、「国王は〔マントノン夫人と〕結婚しているに違いない」と推測した。

逆説的ではあるが、ヴェルサイユはヨーロッパでもっとも華麗な宮廷と謳われながらも、宮廷作法《エチケット》の面では「田舎の家」程度だと考えられていた。一六九九年以降、大使先導官を務めていたブルトゥイユ男爵は、一七〇三年にヴェネツィア大使アルヴィーゼ・ピザーニのマントの件で一苦労させられた。このヴェネツィア貴族はゆったりとした黒マントと、刺繍と宝石がたっぷりとあしらわれた張りのある式服を着ており、これでは帰任謁見の際に国王から贈られる剣やサッシュを着用できそうもなかった（できたとしても、滑稽だっただろう）。そこで男爵が考えついたのがヴェルサイユでの謁見である。「田舎の家」でなら、大使も礼服を着用する必要はないからだ。

古い特権、新しい特権

ヴェルサイユでもっとも垂涎の的だった特権の一つに「のために《プール》」がある。これは宮廷内の部屋、屋根裏部屋、中二階などに住居を与えられた幸運な選ばれし人の名が、入り口のところに伍長によりチョー

クで書かれる特権だ。そこで使われるのが「のために《プール》」という語で、「ブラッチャーノ公爵夫人のために《プール》」といったように書かれる。ただしこの特権を得ても必ずしも快適な部屋があてがわれるわけではない。そもそも住居の割り当て自体が任意で、公爵、枢機卿、外国王族〔ヴェルサイユ宮廷独特の身分で、フランス国王から外国王族に連なると認められたフランス在住の人々を指す〕といえども特別扱いはされなかった。スペインで絶大な権力誇っていた女傑ウルサン〔オルシーニ〕公妃はこの権利を手に入れようと「精力的に」立ち回り、成功すると、自慢げに手紙をしたためた。

　アンリ三世時代、国王の起床と就寝の儀に同席する特権が制定され、規模に応じて「大入室特権《グランド・アントレ》」「小入室特権《プティ・タントレ》」と呼ばれた。この特権の中でもとりわけ重要なのが「諸事勅許」だ。国王の小就寝の儀に立ち会うには国王付き侍従職に就いていなければならないが、国王の便器から排泄物を取り出すには特別な勅許が必要とされた。この官職なら国王と個人的に話すことができ、その売買金額は最高六万エキュに達した。

　ある権力が絶えると、その儀典は理解し難いもの、時にはグロテスクなものにさえ感じられる。ルイ一四世時代の儀典は宮廷伝統を非常に重視し、国王自身も納得できないままに、取るに足りないあるいは突飛な特権を制定することもあった。ルイ一四世は息子に宛てて、「身分の区別ほど優れた心映えの者に訴える報酬はない。これが人間のあらゆる活動、とりわけ高貴で偉大な活動の一番の原動力と言ってもよい。取るに足りない者に意のままに無限の褒美を与えるという行為は、我々の力のもっとも明確な表れの一つなのだ」と書き、王族にとって「民に金銭的負担が一切かからない」こうした栄誉を思うままに与えられることはこの上なく純粋な喜びだと述べている。

宮廷人も愚かではない。一六六二年一二月三日、無礼な言動で知られるビュッシー＝ラビュタン伯爵（人生の半分を追放先で過ごした）はミサから出てきた国王がとても「上機嫌」だったので、思いきって青い軍用マントの着用許可を願い出た。この有名な青と銀色のマントの着用を許可されることは、マルリー〔ヴェルサイユ郊外。国王の狩猟の館があった〕での狩りに招待される四〇人の宮廷人の仲間入りを果たすことを意味していた。着用は宮内卿が発行する証書で認められていたため、マントは「勅許状による細身のコート《ジュストコール・ア・ブルヴェ》」とも呼ばれていた。国王は伯爵の希望を認め、伯爵は「これはささいなことに過ぎないけれども、ちょっとした好意を経て、国王がさらなる好意を与えてくださるよう、ひそかに慣らそうと考えた」と告白している。

身分と宮廷作法《エチケット》は典礼書で体系化され、研究対象となった。回想録作者サン＝シモンも書斎に、一六一九年および四九年に刊行されたテオドール＆ドゥニ・ゴドフロワの『フランス典礼書』を常備していた。身分や宮廷作法《エチケット》とは一種の保証であり、伝統の尊重、王権と時間の継続を価値あるものとして裏付ける。優先権は戦果を左右したり感情を傷つけたりすることもあったが、それでも順守され続けた。フランスとネーデルラント連邦共和国が戦争を繰り広げていた一六七二年、ルイ一四世は大元帥たちが格下のテュレンヌの命令に従うよう、序列を変更しようとした。けれども大元帥たちは「ありがたくも国王から拝賜した顕職の価値を損なう」よりは国王の寵愛を失う方をよしとし、ルイ一四世は手を焼いた。一六九九年、国王の義妹エリザベート・シャルロット・ド・バヴィエールは、娘に会いにバル公領への旅行を計画した。娘の夫ロレーヌ公は王族を自認していたため、義母の前で肘掛椅子に座る権利を要求した。王太子はロレーヌ公に背もたれのついた椅子を許可するつもりだったが、公からすればそれでは不充分だったのだ。そこでエリザベートの夫である王弟《ムッシュー》は、イングランド王が使ったことのある奥の手に訴えようと思いついた。つまり全員の椅子を一律に折り畳み式床几《タブレ》にするのだ。しかしそうこうするうちにルイ一四世が苛立ち、義妹の落胆を無視して旅行を中止した。

一六九九年、ハノーファー選帝侯妃ゾフィーは「お忍び」という手を使った。当時のしきたりでは、黒いスカーフをかぶっていれば見とがめられることなく匿名性を保てたため、優先権の決まりを回避することができた。ゾフィーの娘も従姉妹エリザベート・シャルロット・ド・バヴィエールの前で、作法に従って後ろ向きに歩かねばならないことにうんざりしていた。プリミ・ヴィスコンティによれば、貴族も高等法院メンバーとの果てしない優先権争いを避けるため、町とは距離を置く方を好んだ。高等法院メンバーは法服貴族ではあるものの、もとはと言えばブルジョワ階層出身の司法官だったため、両者はつねに複雑な駆け引きを強いられていたのだ。

ルイ一四世の手紙には、「息子よ、そなたもローマ人、とりわけ皇帝の中でももっとも賢明なるアウグストゥス帝が純粋な名誉の証を立てるすべを知っていたことは学んだだろう。当時、こうした証はこんにちよりもずっと頻繁に立てられていた。近年は優れた人物たちが、証が充分でないと非難したが、祖先たちが確立した証を可能な限り用いるだけでなく、新たな証を確立することが望ましい。その場合には、余がそなたに示したように、確かな判断、選択、威厳が必要とされる」と書かれている。

ルイ一四世は取るに足りない形式的特権で貴族をヴェルサイユに縛りつけ、隷属させたとよく言われる。その一つが手燭の特権で、国王が夜の祈りを聞いている間、煌々と明かりが灯る部屋で蠟燭を持っているのが仕事だった。歴史家ノルベルト・エリアスは名著『宮廷社会』〔波田節夫、中埜芳之、吉田正勝訳、法政大学出版局、一九八一年〕の中で四〇頁を割いて、貴族がいかにしてこうした「取るに足りないこと」に拘泥していたかを分析したが、確たる答えは出さなかった。

フロンドの乱における貴族の敗北には重大な意味がある。乱を率いた一人ラ・ロシュフコー公爵は、政敵たちからも一七世紀でもっとも洗練された人物と言われたが、一六五二年七月二日にパリのフォーブール・サン＝タントワーヌでの王党派との戦いから出てきたときには、名誉を重んじて馬に乗ってはいたものの、片目は頬に垂れ、白い服は血で真っ赤に染まっていた。彼を支えていた息子は、父はもはや息絶えたと思い、涙を流していた。けれどもラ・ロシュフコーは一命をとりとめ、『箴言集』〔二宮フサ訳、岩波書店、一九八九年〕を著し、さらに文人ラ・ファイエット夫人と心を通わせた。同時に、貴族層を軽んずる中央集権王制に反発し、二度と宮廷に足を踏み入れようとしなかった。だが彼の息子はルイ一四世のもっとも忠実な廷臣の一人となり、国王は彼を王室衣装部最高責任者に任命して、反乱者の息子の忠誠を誇示した。ラ・ロシュフコーの息子は四〇年間国王に仕え、たった一六度しか起床の儀に欠席しなかった。

　哲学者パスカルは、フロンドの乱によって秩序への欲求が生まれたと論じている。「あらゆる惨事の中でももっとも悲惨なのは内戦だ。だが手柄に報いようと思ったら内戦は必至だ。というのも、誰もが手柄を主張するからだ。出自により権利を継承する愚か者が及ぼしうる害などはたかが知れているし、必至というわけでもない」。パスカルは宮廷作法《エチケット》についても明確な意見を持っており、帽子を脱いで挨拶することは一種の契約だと述べている。「尊敬とは相手に窮屈さを感じさせることでもある。というと無意味に聞こえるが、その実きわめて的を射ている。『あなたが必要ならば、私は窮屈さに耐えましょう。それが何の役に立たなくとも、甘受いたします』と相手に伝えているからだ」。現世の欲望から「これほど整然たる秩序」を引き出したのは人間の崇高さの印でもある、と彼は論じた。「あなたが公爵だからといって、私が敬意を払わねばならぬいわれはないが、挨拶の義務はある。（中略）同時に公爵や同輩衆であるあなたの前で、私が帽子を脱ぐだけでなく、敬意を払うべきだというのなら、その敬意に値するだけの美点を見せるべきである」。既成秩序の権威にはそれに見合うだけの敬意を払わねばならない。つまりいくつかの表面的儀礼であり、「顕職や貴族など一部の身分に敬意を払うのは当然のこと」というわけだ。

ブランデンブルク選帝侯の大使だったエツェヒエル・フォン・シュパンハイムは一六八〇年に、要職を与えることは宮廷内の不均衡解消につながると指摘した。つまり、国王は厄介事を回避するため、「あらゆる恩恵の主《ぬし》となり、それを適宜施し、相手に嬉しい驚きを与え、巧みに懐柔するすべを心得ている」のだ。

「芝居がかったような王の威厳」を好んだルイ一四世は、その一世紀前の一五七六年から七七年にかけてフランス王妃カトリーヌ・ド・メディシスが内戦の無秩序に対処するために確立したしきたりを精力的に復活させた。カトリーヌは息子アンリ三世に宛てて次のように書き送っている。

「あなたが堅実な人柄と生き方を示し、宮廷がかつてのような名誉と統制を取り戻したからには、国中が手本とするでしょうし、神と理性に従ってあらゆることを回復させたいというあなたの希望や意思を認めさせることにもつながりましょう」

宮廷作法《エチケット》を復活させ、プロパガンダとして利用するに当たり、国王は自己を演出（「姿を見せて周囲を満足させる」）すると同時に、王としてのオーラ（「距離」）を保たねばならず、振る舞いや正確な行動時間（起床、食事、ミサ、娯楽）を崩してはならなかった。

カトリーヌ・ド・メディシスが息子シャルル九世に宛てて書いた手紙には、「あなたのお父上同様、まずは起床の時間をお決めになりなさい。お父上のときは、シュミーズの着付けをされている間に、親王、騎士、国王付き侍従、召使頭、給仕係の侍従が入室していました。彼らは国王の目に入り、話しかけられることに喜び、大変な満足を得ていました。（中略）その後は私の部屋か、結婚された暁には王妃の部屋にいらして、社交の集まりを催すことです。フランス人にとってこうした集まりはこの上なく心地よく、彼らはこうしたおしゃべりを何よりも必要としています。（中略）宮廷の若い方々と散歩や乗馬などをされてもいいでしょう。（中略）そして週に二回、舞踏会をお開きなさい」と書かれている。

一五七六年以降、アンリ三世は国王の居室で上席権問題を取り沙汰することを禁じた。それほど宮廷作法《エチケット》問題は紛糾したのだろう。一五七八年八月一一日、ヴァロワ朝最後の国王アンリ三世は宮内府の規則を制定し、これが宮廷における行動指針の最初の骨子となった。国王は前日の夕食後に公表される公的な「時間割」に従って生活した。こうしてその後二世紀にわたり執り行われることになる起床と夕餐の儀が決定したのである。一五八五年一月一日、第二の規則が発表され、宮廷作法《エチケット》の規範を補足した。国王は儀典最高責任者の官職を創設し、宮廷作法《エチケット》の揉め事の解決に当たらせ、のちに公式儀礼を定めることになる文書を記録させた。

けれども嘆かわしいことに、しきたりの逸脱がなくなることはなかった。一五八九年のカトリーヌ・ド・メディシスの葬儀では、アンリ三世は三枚のトレーンのついたマントの裾をお気に入りの廷臣二人に持たせようとしたが、この特権は親王だけに限られており、これを公爵に持たせるのは礼法にもとると抗議の声が上がった。そこで国王は公爵と王族の差異をつけるために、一枚のトレーンを二つに切らせた。

一七世紀前半、一六一九年に刊行された婚姻、葬儀、戴冠を扱ったゴドフロワの『フランス典礼書』以外、宮廷作法《エチケット》の規則書は刊行されなかった。一六世紀後半から一七世紀初頭にかけてのアンリ四世宮廷のしきたりが「無骨」だったのは、一六〇〇年まで王妃がいなかったことが原因だとされる。国王は宮廷の全貴族に開かれた起床の儀は守っていたが、それ以外の時間は侍従や戦友たちと過ごす方を好んだ。ルイ一三世は公衆の面前での起床や食事を嫌い、王妃アンヌ・ドートリッシュの「集まり」がもっとも権威ある宮廷とされていた。今や王朝はある程度安定し、政府高官は父から子、あるいは婿や甥へと官職を引き継いだ。アンリ四世は前王が確立した高級官僚職のほとんどを継続させ、アンリ三世と四世の首席侍従を務めたベルガルド公爵家は、主馬頭の職も手に入れた。

ルイ一四世もこの伝統を踏襲することになる。マザランの後継として王室に仕えたのは、御三家として有名なル・テリエ、リオンヌ、コルベールの三人（コルベールは老大法官セギエの跡を継いで、「影の」宰相となった）だが、いずれもつましい出自だった。「より敬意に値する者たちを取り立てることもできただろうが（中略）、これ以上優れた資質の者を登用することは余の利益とはならない」とルイ一四世は息子に説明している。これこそがサン゠シモンが言うところの、マザラン枢機卿の「ペストのごとき行動規準」だ。ルイ一四世は権勢を誇るコルベールとのバランスを取るため、ル・テリエの息子ルーヴォワ侯爵を起用し、深い信頼を寄せた。コルベールの弟クロワシー侯爵と息子セニュレー侯爵は外交と海軍を引き継いだ（クロワシー侯爵の息子でポンポンヌ侯爵の義息トルシー侯爵も外務大臣に任命された）。財務総監ル・ペルティエはル・テリエの親戚に当たる。ポンシャルトラン家の父子もブルジョワ出身の大臣グループに属し、彼らは法官の着ていたマントにちなんで法服貴族と呼ばれた。

身分違いの結婚

ルイ一四世は派閥間の競争を煽ったが、宮廷メカニズムの強化と安定化に向け、結婚を通してブルジョワ出身の大臣たちと貴族たちを結びつけようと考えた。名家出身のコンティ公は大コンデ公ルイ二世の弟で国王の従兄弟に当たり、一六五四年にマザラン枢機卿の姪と結婚したが、「私の結婚相手は枢機卿だ」と公言していた。ラ・ロシュフコー公爵フランソワ八世はルーヴォワ侯爵フランソワ＝ミシェル・ル・テリエと、シュヴルーズ公爵シャルル＝オノレ・ダルベール、ボーヴィリエ公爵ポール、モルトマール公爵ルイ一世はコルベールの娘たちと、ラ・フイヤード公爵ルイ・ドービュッソンとカンタン＝ロルジュ公爵ギ・ニコラはミシェル・シャミヤールの娘と結婚した。いずれも身分違いの結婚で、国王はそれぞれに報いた。シャミヤールとはビリヤード遊びを楽しみ、一七〇一年には大臣に任命した。スペイン継承戦争が起こると老獪な軍人ヴォーバンは有終の美を飾ろうとしたが、指揮を任されたのはラ・フイヤードだった。彼が大臣シャミヤールの婿だったからだ。ただし彼は一七〇六年のトリノの戦いで惨敗し、「致命的な婿」と呼ばれるこ

とになる。「ヴェルサイユの神〔国王〕は職を通して才能を授ける」との言葉があるが、町人であり哲学者パスカルの「船を操作するのに船客である名家の息子を選びはしない」との言葉の方が的を射ていることは明らかだった。

実際のところ、ルイ一四世にとって重要だったのは宮廷の名誉だ。ルイ一三世はリシュリュー枢機卿の腹心、大法官セギエの妻に折り畳み式床几《タブレ》の着席を許した。夫人は軍事主計官の娘だ。一方、太陽王ルイ一四世時代の大法官ポンシャルトランの妻も王妃の身支度中や、その後の「仲間内の集まり」で、折り畳み式床几《タブレ》に座っていたが、友人で王妃の首席女官だったリュード公爵夫人と共にルイ一四世から「激しく叱責された」ため、同じ過ちを繰り返すことはなかった。

官職売買は国庫にとって貴重な財源だったが、貴族は必ずしも官職を手に入れられるわけではなく、官職が封建的支配から公職を守るための戦略として利用されることもあった。ルイ一四世は意図的に伝統を踏みにじって貴族をないがしろにしたと言われるが、実際は宮廷の回想録作家たちのほとんどが新参の宮廷人で、自分が加わったばかりの儀礼システムの守護者を自認し、序列や特権の普遍性に執着していたという背景を忘れてはならない。

宮廷の回想録作家たち

回想録作家ダンジョーは「ごく平凡な」一介の貴族だったが、母の死を契機に侯爵に格上げされた。詩人ボワローは『諷刺詩』〔守屋駿二訳、岩波書店、一九八七年〕の献辞でこの儀礼的な称号について言及し、「ダンジョーよ、貴族とはキマイラではない〔キマイラはライオンの頭、ヤギの胴、蛇の尾を持つギリシャ神話の怪獣。称号をいくつも持っていればいいわけではないという当てつけ〕」と揶揄した。サン＝シモンはダンジョーを「精彩を欠いた人物」と評したが、その評価は果たして正当だろうか。ダンジョーは体格がよく、ユグノー〔プロテスタントの一派〕の家の出身で、栄達のためにカトリックに改宗して、当時流行していたあらゆるゲームを習得したため、「ダンジョーのようにゲームをする」という言い回しが生まれたほどだ。彼は正々堂々と財産を成した。宮廷はつねに気前のよいギャンブラーを必要としていて、彼は注目を浴びるようになり、ルイ一四世の寵姫モンテスパン夫人を介して宮廷に迎えられた。彼は金を貸し、官職を買い、愚にもつかぬ追従と自慢話の腕を磨いた。温和で愛想はよかったが、（サン＝シモン曰く）あまりに平凡で退屈だったため人々の失笑を買っていた。それでも彼は「入室特権」、連隊、地方総督職を獲得し、詩人としての手管を発揮してヴェルサイユに住まいまで与えられた。国王から韻を踏んだ難解な詩を作ってみよと言われ、難なく即興で応えたおかげだ。

ダンジョーはゲームで負け続きだったリシュリュー公爵から王太子妃付きの名誉騎士の役職を買い取り、プファルツ選帝侯の流れを汲む若く「太陽のように愛らしい」レーヴェンシュタイン女伯爵と結婚したため、自分にもプファルツ選帝侯を名乗る資格ありと信じるようになった。究極の宮廷人である彼は、国王と同じ時期に痔瘻《じろう》の手術を受けた。「骨の髄まで」国王、マントノン夫人、彼らの非嫡出子たちに崇敬の念を抱き、彼らの死後も忠誠心が揺らぐことは決してなかった。彼は宮廷に上がると同時に、「国王は教会で定められた勤めを行い、複数の修道院に寄進をされた」（一六八四年四月一日）との書き出しで始まる有名な「日記」をつけ始めた。その二年前に宮廷が移ってきたヴェルサイユで、五〇年の間、決して誰にも見せることなく日記を綴った。彼が宮廷日記を記していたことは周知の事実だったが、誰もが彼を無知で愚かだと信じきっており、著作の一つも発表することなくアカデミー・フランセーズやフランス科学院の会員となった彼の手記を恐れる者など、一人もいなかった。サン＝シモンはその秀逸な『回想録』の前文で、ダンジョーの冷淡で慎重でほのめかしの多い記述について、「策略についてはもちろん、原因についても一言の説明さえなく、正確な日付が付された出来事」のみを記した「一切の推論抜きの噂話」と断じ、作者の人物像、その「軽薄で表層的な」生きざまが如実に映し出されていると論じた。ダンジョーは優先権に言及してはいるが、解釈の一片も交えず、いかにも嬉しそうな様子で「王弟殿下《ムッシュー》は既婚の息女をエスコートするときには右側に立つことと定められた〔右側の優先権については後述〕」。サヴォワ殿は当初からこの点について争っていたのだ」と綴った。これは外国王族である若きサヴォワ公爵と結婚したルイ一四世の姪アンヌ・マリーが王弟《ムッシュー》である父の左側〔下座〕に立つこととする決定を指している。

一方、プリミ・ヴィスコンティは占い師の真似事をして、宮廷入りの糸口をつかんだ。彼はフランスにやってきたときにはラテン語しか話せなかったが、マルタ騎士団の副総長に頼まれて、国王に冗談をしかけた。前もって宮廷人たちのあらゆる秘密を知らされていながら、そんなそぶりも見せずに様々なことを言い当てて周囲を驚かせたのだ。彼は一躍人気者となり、予言や個人的な愉しみのために多数の女性が彼のもとに詰めかけ、自分と瓜二つの人物を雇ったほどだ（ただし、この人物は性病にかかってしまった）。彼は宮廷について記録を残していたが、次第に疲れを覚え、魅力的で裕福な女性出版業者と結婚して（彼はこの女性の夫が他界する日を正確に予告した。毒殺だったのかもしれない）、宮廷から姿を消した。

一方、国王が授けるささやかな特権を軽んじる風潮もあったことは事実で、ビュッシー＝ラビュタンやセヴィニェ夫人などの大貴族でさえそうだった。前述のように、ビュッシー

＝ラビュタンにとって「勅許状による細身のコート《ジュストコール・ア・ブルヴェ》」の着用許可はのちのち国王からより大きな恩恵を引き出すための一手段に過ぎなかったし、セヴィニェ夫人も娘に宛てた書簡の中で、一六七四年一月一日以降王妃の女官職が廃止されると愉快げに書いている。国王の寵姫モンテスパン夫人が、宮廷に上がったばかりのリュード夫人の圧倒的な美しさを警戒して、女官全員をクビにするよう国王に要求したのだ。そこでより落ち着きのある五人の女官が指名され、女官が王族の食卓で給仕することはなくなった。セヴィニェ夫人の書簡には「昔のように、給仕係の貴族の男性と召使頭が〔給仕を〕することになりました」と書かれている。

　宮廷作法《エチケット》を微に入り細に入り綴った人物の一人がブルトゥイユで、辛辣なサン＝シモンは、「父が地方長官を務めていたモンペリエで生まれ、ブルトゥイユ男爵と呼ばれていた」が、行政官だったために男爵位を与えられたのだと述べている。実際のところ、ブルトゥイユは自身でも『回想録』で述べているように、一六九九年に大使先導官職を購入し、一六年間務めた。その回想録からは、宮廷の新参者ブルトゥイユが宮廷作法《エチケット》の奥義に執心し、熱意を注いでいたことがうかがえる。

　サン＝シモンは「彼には機知があったが、宮廷、大臣、有力なあるいは人気を集める人々に激しく執着し、とりわけ特定の派閥に庇護を約束しては熱心に金を得ていた。人々は彼に手を焼き、揶揄した」と述べている。

ブルトゥイユによれば、当時のヴェルサイユはもはや片田舎の城館などではなく、誰一人として現状には満足していなかったそうだ。「最近は、名誉を根拠に主張さえすれば、栄達がかなうようになった。ブランデンブルク選帝侯(プロイセン国王フリードリヒ一世)などは王になった」。ブルトゥイユは当時最高の、いやおそらく史上もっとも美しい恋愛小説『クレアントとベリーズの愛の物語』の主人公のモデルとなったほどだから、さぞ容姿端麗だったのだろう。著者の破毀《はき》院審理部長フェラン夫人は彼に夢中だったが、本人は若い従姉妹を誘惑し(「一五歳でかような機転を見せた者はいなかった」との歌の一節が残っている)、女伯爵と結婚した。息子はのちにルイ一五世の閣僚となり、娘エミリー・デュ・シャトレはヴォルテールと親交を結んだほどの才女だった。二六〇〇頁に及ぶ大判の紙に綴られた彼の回想録は宮廷の煩瑣な論議に言及し、国王はしばしばケースごとに裁可を下さねばならなかった。しかし意外にもブルトゥイユは、「我々の宮廷は全ヨーロッパの宮廷同様、儀式に最低限の関心しか向けない」と嘆いている。

もう一人の大使先導官サンクト騎士は、この官職の半分(というよりも、二席あるうちの一つ)を購入した父から相続した。騎士は「父よりもずっと分別があった」そうだが、「平民」出身の父は膨大な記録簿をつけており、サン゠シモンは彼の妻からこれを借りて複写した。サンクト父は記録簿に記されている序列をないがしろにすることがあり、サン＝シモンから注意されるたびに、記録簿を貸し出した妻を激しく責めた。サンクトは「一見優しげ」だが、権力者をひいきしたりうっかりと錯誤を犯したりしたので（後述の有名な「タペストリーの虚構事件」のように）、伝統を重んじる王は何度も彼を叱責しなければならなかった。

　母后の他界後、息子である王弟《ムッシュー》は妻を王妃の前で肘掛椅子（折り畳み式床几《タブレ》や古いタイプの肘掛椅子ではなく、しっかりとした背もたれのある肘掛椅子）に座らせてほしいと希望した。これに対しルイ一四世は、ぜひとも望みをかなえてはやりたいが、「その影響を考えれば、余の身分に近い特権を許すのは適当ではないと思う」と答えた。

　この記録の注記にもあるように、「我々の地位に品位をもたらす優越ほど嫉妬を誘うものはない。優先権を際立たせ、守るあらゆるものは、我々にとってこの上なく尊い。これは我々の利益であると同時に、我々が責任を持って守るべき国民や継承者たちの財産でもあるのだ。我々はこれを好きなように使うことはできないし、正当に奪うことのできない王室の数々の権利の一つであることに疑いの余地はない。これは形式に過ぎないなどと考える者は、大変

な間違いを犯している。我々が治める民はこうしたことの根底に触れえず、表面だけで判断する。彼らはたいてい、優先権と地位をもとに敬意と服従を示す」ことは明らかだ。ルイ一四世にとって宮廷作法《エチケット》とは代々継承されていく課題だったのである。

サン＝シモンと回想録作家たち

回想録作家サン＝シモンの父は、どのような経緯で公爵になったのだろう。ルイ一三世の近習だった彼は、王が狩りの馬を替えるときに、替え馬を元の馬の横に持ってくることを思いついた。替え馬を反対向きに置いて、元の馬の尾の横に替え馬のたてがみが来るようにすれば、王は馬から降りずに新しい馬の尻をまたぐだけだ。これならすぐに乗り換えられて、手間も省ける。ルイ一三世は気をよくして、「馬の交替には必ず彼を配置するよう小姓に命じ、彼についての情報を集め、少しずつ可愛がるようになった。「父はひたすら国王の善意以外の後ろ盾を持たないまま、廷臣になった」と息子サン＝シモンは述べている。彼は地方総督、騎士、大狩猟官、首席侍従に任命され、一六三五年に公爵同輩衆に叙された。彼の息子が記した回想録はフランス文学の傑作の一つであり、ルイ一四世や同時代人のしきたり軽視に対抗して、何千頁にもわたり激しく熱烈に同輩衆や公爵の地位を擁護した。

彼が生まれたとき、父は七〇歳近くで、後妻である母は三四歳だった。父は長いこと、ヴェルサイユから一〇〇キロメートルほど西のラ・フェルテ＝ヴィダーム城で宮廷から離れて暮らし、八四歳の頃に息子を灰色銃士隊に入れて戦地に送ろうと根回しし、その二年後に他界した。遺された一八歳の息子、公爵同輩衆サン＝シモンには一〇万リーヴルという多額の年金がつけられた。小柄で痩せていた彼は、ルーヴォワ率いる軍と「年功序列」を毛嫌いしていたため、他の者に昇進を奪われ、その後退役した。王は「また一人、去るのか！」と嘆き、彼を許そうとはしなかった。サン＝シモンは結婚を考えていて、大臣の娘で自分に「道を開いてくれそうな」貴族女性を探した。そこで目を向けたのが、大臣で大物貴族のボーヴィリエ公爵だ。彼には娘が八人いたが、そのうち誰一人として知らなかったサン＝シモンは、誰でもいいから結婚させてほしいと願い出た。しかしどの娘にも決まった相手がいて、望みはかなえられなかった。それでもサン＝シモンは公爵から抱擁されて感激し、一生続くことになる友情を結んだ。結局彼はテュレンヌの姪を選んだ。母方がとても裕福で、高徳な女性だ。夫婦はお世辞にも美しいとは言えない娘を一人、宮廷から「短足」と揶揄された息子を二人授かったが、サン＝シモン自身は決して子どもについて語ることはなかった。彼らに初めて言及したのは、一九世紀に『失われた時を求めて』〔吉川一義役、全一四巻、岩波書店、二〇一〇年他〕を著したプルーストである。

ヴェルサイユにおけるサン＝シモンの最初の住まいは、「中二階の穴倉」だった。妻がベリー公爵夫人の首席女官になると（サン＝シモンはオルレアン公爵の愛娘マリー・ルイーズとベリー公爵の結婚に一役買った）、サン＝シモン夫婦は「ヴェルサイユでもっとも快適な」居室を与えられた。一九歳のときに戦場のテントで執筆を始めたサン＝シモンは、窓のない裏書斎にこもりきりになった。「机、椅子、本」、蠟燭など必要なものはすべてそろっている。国王の聴罪司祭ル・テリエがやってきて、「二人きり」になることもあった。もっぱら聞き役に回っていたル・テリエは、「ノルマンディー沿岸、セーヌ川岸に移住したドナウ川の田舎者」で、イエズス会士だった。伝統的教義では、神ははるか昔に底知れぬ神意を通して、誰に永遠の魂を授けるかを決めたとされるが、イエズス会は、神は全人に「これに近い」恩寵を与え、人間は善行と自由意志だけで魂の救済を得ることができると唱えた（この論とやや似ているのが昇進が可能なブルジョワの世界で、これに対し封建的世界では「大貴族」に生まれるか、民衆として屈辱に甘んじながら一生を過ごすかしかなかった）。国王は宗教を契約としてとらえるこの新たな概念を高く評価した。サン＝シモンの母はジャンセニスム〔人間の罪深さを強く主張した厳格な宗教運動で、ルイ一四世により弾圧された〕に少なからず共感していたが、彼自身はイエズス会士に囲まれて育った。彼はル・テリエから高く評価されて有頂天になり

（ル・テリエは彼を噂話の宝庫と考えていた）、回想録に七三五〇人は下らない人物を登場させた。パリのサン＝シモン宅には、六〇〇〇冊の蔵書とダンジョー、トルシー、スルシュ、ダルジャンソン、ダンタン、リュイーヌなど同時代の回想録が保管されていた。

サン＝シモンにとって宮廷作法《エチケット》は重要なテーマであり、彼が綴った五万頁のほぼ各頁で言及されている。中世、国王直属の封臣である公爵同輩衆は、「同輩衆」以外の裁きを拒否したが、一七世紀になる頃には危機に瀕しており、サン＝シモンが宮廷に伺候し始めた当時の彼らの地位はある意味、すでに傾きかけていた。サン＝シモンは最古の貴族の地位回復に熱意を燃やしたが、それ以外彼にとってヴェルサイユにはどんな意義があっただろう。珍しく宮廷人が彼のことを話題にするときは、もっぱら揶揄混じりだった。たとえばエリザベート・シャルロット・ド・バヴィエール――宮廷の真実を闊達に描き、のちの通俗的な文体の普及を予感させた点で、彼女はサン＝シモンと似ていた――は、人を押しのけて食卓に着こうとした彼を批判している。一七一七年一〇月二四日、彼女は次のように記した。「私はある公爵を厳しく戒めた。彼は国王の食卓でツヴァイブリュッケン公の前に行こうとしたので、私ははっきりと『このサン＝シモン公爵という方はなぜ、ことさらあのようにツヴァイブリュッケン公を急かすのです。ご子息の一人を小姓にしたいのかしら』と言った」。公爵の哀れな「短足の」息子は、何かと宮廷の物笑いの種にされていた。

誰もが声高に笑う中、サン＝シモンは立ち去らざるをえなかった。同じく一七一七年、摂政の妹ロレーヌ公夫人は、この「器の小さい身分不相応な男性」が「無作法」なのは「卑しい生まれ」のせいだとし、「生まれながらの公爵ならそんなことはしないだろう」と語った。彼の「小さな声」も物笑いの種だった（ヴェルヴェット服を着ていたことから「ヴェルヴェットのブルジョワ」と呼ばれたコーマルタンは、彼の声を「一筋の酢のようにか細い」と言っている）。クランジュ夫人はセヴィニェ夫人に宛てた一六九六年一月三日の手紙の中で、「サン＝シモン公爵夫人は身ごもっておられ、この世には不可能なことなど何一つないことを体現しています」と書き、ダルジャンソン侯爵も一七二二年に、「信心で凝り固まってうぬぼればかり強くて才能に欠け、戦場では何の役にも立たず、人を食い物にする」彼の性格に軽蔑を示した。

　サン＝シモンはフランスでもっとも偉大な作家の一人だ（誰よりも偉大だと考える者もいる）。だが彼自身はそうしたことには無頓着で、威厳とは貴族としての地位にかかっていると考えていた。回想録を熱心に綴り、浅はかな剽窃者には腹を立てたものの、剽窃は彼が描いた真実の足元にも及ばなかった。その真実とは生々しく突飛で、予測不能で矛盾していて、品位に欠けるかと思えば（「リオンはずんぐりとして背が低く、丸々として顔色が悪く、吹き出物だらけで膿瘍《のうよう》のようだ」）、意外性に満ち（ランセ神父の「陽気な厳格さ」)、ひどく腹黒くて計算高いが、無意味で（「この世の幸せ者で幸せだった者は一人としていない」)、そして魅力的だった。こうした真実を描ききれるのはバロック的叙述をおいてほかになく、彼は合理主義の一七世紀後半において、これを実践した。

彼はつねに大きな疑問を抱えていた。「敬虔なキリスト教徒、敬虔でありたいと思う者は、歴史を記したり、読んだりすることはできるのだろうか」と。サン＝シモンの父は毎週、城から五リュー〔一リューは約四キロメートル〕離れたトラップ修道院に幼い息子を連れていき、ランセ神父に会わせていた。六〇歳になる神父は彼を「我が子のように愛した」。後年、サン＝シモンはこの一徹な隠遁者のもとに通ってヴェルサイユ宮廷での苦悩を癒し、一週間毎日会いに行くこともあった。ただし宮廷人の揶揄を浴びないよう、訪問は内密だった。彼は神父に『回想録』の冒頭部分を見せている。神父はかつて宮廷に上がったことがあるが、一〇年の間愛した女性が他界し、首を切られる（おそらく棺に入りきらなかったためだろう）という経験を経た後に隠遁生活に入った。彼が『回想録』にどう反応したかはわからない。一七四三年、妻を亡くしたサン＝シモンは当時の歴史を叙述することの正当性を綴った。彼は歴史を好奇心と興味をそそるようなものにするには、手段は一つしかないと考えていた。すなわち出来事の動機と原因を叙述することだ。これは大物貴族が歴史の立役者だった一七世紀においては、彼らの人物像や、そのぞっとするような腹黒い陰謀を記すことを意味する。サン＝シモンは各人物の描写のみならず「底辺から這い上がってきて、あらゆることを覆した大臣たちによる有害な変化」を綴った。

サン＝シモンは「公爵同輩衆の威厳に固執」していたが、それよりもずっと以前、中間的地位とより新たな高い身分が創設された。すなわち親王と外国王族である。一六世紀、アンリ三世は、王家の男子たちは生まれながらの同輩衆であり、公爵より格上であると定めた。フランス王家に連なるロレーヌ、サヴォワ＝ヌムール、ゴンザグ＝ヌヴェール〔ゴンザーガ＝ネヴェルス〕、ロングヴィル一族の大公らは親王と同等の地位を求めた。とりわけロレーヌ家は、ルイ一四世時代に絶大な権力を誇り、主馬頭や王弟《ムッシュー》の腹心が輩出した。あるとき、ロレーヌ家出身の主馬頭（ムッシュー・ル・グランと呼ばれていた）のカード遊びに、トスカーナ大公妃（ブルボン家出身でルイ一三世の姪マルグリット・ルイーズ・ドルレアン）が同席した。彼女は修道院暮らしだったが、ほんの数時間ヴェルサイユに立ち寄ったところだった。大公妃はあっという間に賭け金をすべてかっさらって、主馬頭に「一泡吹かせた」。彼はテーブルをたたきながら「呪われた一族だ！　いつまで我々を困らせれば気が済むのだろう！」と叫んだ。彼は明らかに自分をブルボン家と同等と考えていたのだ。

オラニエ公ウィレム一世の縁戚でマザランの腹心だったラ・トゥール・ドーヴェルニュ＝ブイヨン家や、ルイ一四世の愛人スービーズ夫人の後ろ盾を得ていたロアン家も自分たちを特別と考えていた。実際のところ、ルイ一四世は外国王族に公爵をしのぐ優先権を与えなかったが、スペインのグランデ〔スペイン宮廷で特殊な特権を保持する貴族〕だけは例外で、孫がスペイン王フェリペ五世として即位した際に優先権を認めた。すると公爵たちも同等の権利を要求した。そのほんの少し前には、国王の縁戚で、戦で優れた働きをして名を挙げた親王、コンデ家、アンギャン家、コンティ家が同輩衆より格上の身分、国王の息子と同等の身分を主張した。

宮廷での権利のみを認められた、同輩衆ではない公爵の身分も制定された。公爵間の格は、爵位の古さで決まった。サン＝シモンが宮廷にいた当時、一部の公爵たち（とりわけリュクサンブール公爵大元帥）は自らの公爵位の創設年に手を加えようと画策し、そのため古さの秩序が崩れた。サン＝シモンはこれに敏感に反応し、二〇〇頁を割いて辛辣に彼らを批判した。サン＝シモンを執筆へと駆り立てたのは、第一に「優先権の苛立ち」である。彼はきわめてささいな問題（公爵夫人はミサで献金を募るべきか否か、高等法院長は公爵の演説中に帽子をかぶっているべきか否か）について、過激な非難の言葉を書き連ねた。彼が公爵同輩衆の地位を擁護して唱えた「現実離れした」要求は、すでにリシュリューやマザランの宰相時代に逸脱し始めた封建制へのノスタルジーを物語っている。宮廷では大臣や国王非嫡出子の身分が格上げされたが、これはブルジョワ出身の地方長官や国務卿が統治する「行政王制」の成立過程を如実に表す現象である。

一七一五年にルイ一四世が崩御すると、甥オルレアン公爵フィリップ二世の摂政時代が始まった。ようやくサン＝シモンの友人が権力を手にしたのである。サン＝シモンは自らの方針を貫いて大臣職を辞退し、貴族として摂政閣議に参加するだけでよしとした（閣議では数人の政敵に復讐を果たした）。一七二一年、彼は六人の貴族、八人の侍従、一二人の小姓、三六人の従者と共に特命大使としてスペインに渡ったが、生涯抱えることになる負債を作った。宮廷に戻ると、すべては変わっていた。摂政は大臣デュボワと急接近し、デュボワはサン＝シモンに敵意を抱き、サン＝シモンも彼を「ムナジロテン〔狡猾の意〕」とあだ名した。財務総監ジョン・ローが導入した「経済システム（株式）」が破綻する一方、「外交革命」が起こって状況はイングランドに優位となり、モンテスキューは『ペルシア人への手紙』〔田口卓臣訳、講談社、二〇二〇年〕を刊行した。時は過ぎ、一八世紀、摂政は世を去り、サン＝シモンはラ・フェルテ＝ヴィダームに引退して著述に集中した。妻と子は他界し、使用人への支払いも滞ったが、一七三九年から四九年にかけての一〇年間、一七二三年のオルレアン公フィリップ二世の他界までに書き留めた膨大なメモや一生をかけた調査を集めて、『回想録』執筆に取りかかった。モンテスキューはラ・フェルテ＝ヴィダームを訪れた数少ない一人だが、サン＝シモンは宮廷作法《エチケット》や国の改革計画（減税政策や経済自由化）ではなく、宮廷の様々な逸話を語って聞かせた。たとえば官職を希望していた野心家のローザンは、ある日モンテスパン夫人のベッドの下に隠れた。そこに国王がやってきて、夫人と二度愛を交わした。夫人はローザンを「さんざん非難」し、ローザンはベッドの下で「王国〔を統治する国王〕を支え、一切のことを耳にした」。サン＝シモンは、自分は駐ローマ大使に任命される予定だったが、宮廷人たちが彼の信頼を貶めようと、国王にサン＝シモンがいかに英明な人物であるかを吹き込んだ、とも語った。ルイ一四世は「優秀な才能」を恐れていたのだ。サン＝シモンの話しぶりはその文章に劣らぬほど「魅力的」だったに違いない。

一七五五年三月二日、サン＝シモンは八〇歳でこの世を去った。当日のうちにパリの自宅が、三月四日にはラ・フェルテ＝ヴィダームの屋敷が封印された。彼は借金漬けだったのだ。蠟燭商人は莫大な負債の清算を要求した。公証人が作成した詳細な財産目録には、ティツィアーノ、ヴェロネーゼ、ミケランジェロの作品も含まれる。一一人の司法官吏、特任官僚、債権者、国務評定官のうち、包括受遺者であるメッス司教クロード・ド・サン＝シモンが目録作成（予防的差し押さえに近い）の立ち会いを要求したが、却下された。司教は高等法院に訴え、立ち会いが許された。目録作成作業は七日間続いた。グランプレルという名の代官が作成し、これを公証人ドラルーが確認する。すべての書類には番号が付され、詳細に記述され、一覧が作成された。『回想録』は大判の二七五六頁からなり（二つ折り、三六x二四センチメートル）、整った文字がぎっしりと書き連ねられ、一七三冊の綴りが色付きのひもで一一冊に綴じられて、緑色の革には公爵の紋章が押されている。ほかにも原稿、書簡、文書があり（サン＝シモンの注釈入りダンジョー侯爵の『日記』もある）、合計一〇〇〇冊以上に上った。

借金のおかげでこの珠玉の著作が失われることも盗難に遭うこともなかったのは、思いがけぬ幸運というほかない。国王が「王国の国務に関わる」サン＝シモンの全書類を非公開にするよう命じたことからも、『回想録』がいかに過激な内容だったかがうかがえる。一七六〇年一二月二六日、大臣ショワズールは正式に国家として押収を実施した。同時に王令により、相続人は原稿を債権者の手から守れるようになり、王国の保護下に置かれて秘密が保たれた。特任官僚ル・ドランは公証人から文書を収めた箱、鍵、南京錠を預かり、『回想録』は秘匿され、安全な場所で生き延びた。全書類が国家に登録されたため、一頁たりとも失われることなどありえなかったのだ。

以降、これらはヴェルサイユの外務省文書館で保管された。文学サロンを主催したデュ・デファン夫人などの周辺では二点の抜粋文書が内密に出回り、夫人はサン＝シモンの辛辣さとその「ぞっとするような」文体を愉快がった。一八一九年、公爵の末裔、ルーヴロワ・ド・サン＝シモン侯爵将軍が王政復古で国王に即位したルイ一八世に、ほぼ一〇〇年間バスティーユ牢獄に幽閉されている先祖の解放を嘆願した。これが暗にサン＝シモンの文書を指していることは言うまでもない。国王は同意したが、文書保管所（それまでにパリのガリフェ館、次いでモールパ館に移転していた）があらゆる口実をつけて妨害した。保管所がようやく譲歩したのは一八二八年のことで、一八三〇年には「侯爵版」と呼ばれる『回想録』の初版が刊行され、大反響を呼んだ。

一九二七年、『回想録』の原稿はパリの国立図書館に寄贈され、現在は誰でも閲覧することができる。

スノビズム

プルーストは『失われた時を求めて』を通して、近代版サン゠シモンの『回想録』を書こうとした。実際、この小説の全体的構成は、サン゠シモンの作品でも言及されている作法問題を基本としている。冒頭、語り手の子どもは、一人で部屋に行かされ、母からおやすみのキスを受けられないという恐ろしい経験をした。寝る前に母から受けるキスという規定儀式は、スワンが家にやってきたせいで覆された。スワンはサン゠シモンの『回想録』について語った。曰く、サン゠シモンは一七二一年（彼の唯一の栄光時代）に、スペイン王女と幼いルイ一五世の婚姻準備のため特命大使としてマドリードに派遣された。マドリードではモーレヴリエ侯爵が大使として駐在していたが、互いに一目で反感を抱いた。それでも当然ながら、サン＝シモンはすみやかかつ「厳かに」大使のもとを訪れた。

「不注意からか張り網かはわからないが、モーレヴリエは我が子たちに手を差し出そうとした。私はすぐに気がついたので、これを防ぐことができた」

「手を差し出す」とは、右側〔上座〕と扉を通る際の先行権を譲ることを指す。サン＝シモンはこのエピソードに先立ち『回想録』で、大使の身分は妻とは共有されるが（そのため妻には折り畳み式床几《タブレ》に座る権利がある）、子どもとは共有されないと書いている。「張り網」とは野禽獣《ジビエ》にしかける網罠を指す。スワンはこの古めかしく封建的な言葉を愉快がったのだが、聞き手の叔母たちの反応は彼を仰天させた。ブルジョワ層の失楽園、コンブレーの田舎の家に住む独身の叔母たちは、彼の話に憤慨したのだ。

「何ですって？　それが面白いとおっしゃるの？　何てひどいこと！　つまりどういうことなのかしら。人間がほかの人間と違うとでもいうのでしょうか。相手が公爵か御者か、知性があるのか心優しいのかで何かが変わるというのかしら。あなたのお気に入りのサン＝シモンは、善良な人に手を差し出すよう子どもたちに教えないのだから、その教育もたかが知れているわね。ひどいの一言に尽きますわ。あなたもあなたで、それをわざわざ語って聞かせようというのかしら」

プルーストはサン＝シモンを引き合いに出すことで、スワンを彼が出入りする貴族社会の一員として位置づけ、身の丈を超える上流社会での地位を手にした株式仲買人の息子として描き出した。サン＝シモンの宮廷作法《エチケット》を引用することで、スワンは好人物で無邪気なのに、スノッブ（上流気取り）な存在として分類される。つまり一方にはアンシャン・レジームの優先権があり、もう一方にはブルジョワ的価値観がある。後者は普遍的かつ子どもに教えるべき唯一の価値観と考えられており、子どもは大人《グラン》（ブルジョワ層では「グラン」は、王族や貴族ではなく大人を指す）に敬意を払うよう教育せねばならぬと考えられていた。

封建的教育法であれブルジョワ的教育法であれ、子どもたちは尊重されず、気持ちが汲み取られることもなかった。大人たちの話に花が咲けば咲くほど母のキスは遠のいていく。夜も更け、子どもは部屋に下がるよう命じられる。母は来てくれないだろう。語り手の失望は、悲劇的な無理解は貴族とブルジョワの間ではなく、大人と子どもの間にあることを示唆している。

けれども感情の世界が世俗の幻想を超えようと、プルーストは表層的で魅力的で残酷な世界を描き続けた。サン＝シモンも同様で、彼は一七三七年に不正確かつ卓越な文体で、「空虚に疲れた精神は様々な事物の表面を滑り、一つのものの上で物憂さげに立ち止まる」と記した。すると自らが軽蔑する者たちに敬われたいという欲求が湧いてくる。彼の激しい怒りを引き起こした宮廷作法《エチケット》問題も、伝統との決別や権威喪失が決定的になった今となっては、権力の滑稽な性質を露呈させるばかりなのである。

日々の宮廷作法《エチケット》

宮廷が彼の勝利の嵐に酔っているのをいいことに、リュクサンブール大元帥は「古さ」すなわち同輩衆に対する優先権を要求した。

Ancienneté

古さ

リュクサンブール公爵は自らの功績を誇らしく思い、「周囲からしきりに勝利をほめたたえられたため、一八番目に古い家柄を主張できると考えた。この古さは同輩衆では二番目、ユゼス氏のすぐ後に位置する」。だが彼は家柄の古さを改ざんしたため、身分も時間も歪曲された。

サン＝シモンによれば、リュクサンブール公爵の姿は「目にした者でなければ想像できない」が、時と共に気にならなくなるそうだ。「こぶがあって前から見ると目立たないが、後ろから見るととても大きく、尖っている。ひどく背の曲がった独特の姿だったが、輝き、気高さ、生まれつきの優美さが備わっており」、「ひどく不快な」第一印象も気にならなくなる。

モンモランシー＝ブートヴィル伯爵、のちのリュクサンブール公爵はコンデ公の薫陶を受けて軍人となり、彼のもとでロクロワの戦いに参加し、ティオンヴィル、シュパイヤー、フールネ、イーペルの町を陥落させ、ウールデン、ステーンケルケ、ネールウィンデンでオラニエ公を負かした。彼もオラニエ公も、戦場では明晰かつ大胆で冷酷、宮廷では危険な人物だった。リュクサンブール公爵は敵から奪い取った旗を大聖堂に飾ったが、そのあまりの多さにノートル＝ダムの絨毯売りと呼ばれた。コンデ公は彼のために縁談を調えたが、相手は「体も顔もぞっとするほど醜く、樽のように太って下品なニシン売りの女のよう」だったという。しかし実家ピネー＝リュクサンブール家は非常に裕福で、ブートヴィル家に「下駄を履かせて」公爵同輩衆に格上げできるだけの勢力があった。

　公爵同輩衆は国王から「我が従兄弟」と呼ばれ、その他の者からは「殿《モンセニュール》」と呼ばれる。王族と踊ることのできるのは彼らだけで、剣を脇に下げて高等法院の審議に臨席し、古さ順、すなわち同輩衆となった年代順に議長の右側に座った。一六六一年三月一七日、フランソワ＝アンリ・ド・モンモランシー＝ブートヴィルは結婚し、リュクサンブール家の紋章の盾を自分の紋章に組み込み、一五八一年にさかのぼるピネー公爵同輩衆の肩書を名乗った。一六六二年五月二二日、高等法院は彼を公爵同輩衆と認め、「全同輩衆の後に位置する最後の同輩衆」と宣言した。しかし宮廷が彼の勝利の嵐に酔っているのをいいことに、彼はすべての同輩衆に対する優先権を主張して訴訟を起こした。彼の同輩衆創設は一六六二年なのに、家柄の古さを一五八一年と主張したのだ。

この件は高等法院に送られ、高等法院は直ちに大元帥の主張に対抗して討議を開いた。ロレーヌ家のような王族、ロアン家のような準王族、その他ラ・トレムイユ、シュヴルーズ、ラ・ロシュフコー、グリマルディ、ロアン＝シャボ、ラ・トゥールなどの一四の旧家名門の同輩衆の間では意見がまとまらない一方、リュクサンブール大元帥は院長アルレの手法を踏襲して、国王ともっとも親しい法官たちに近づいた。アルレは「信念も法も神も魂も持たず」、顔は菱形、猫背で壁際をこそこそ歩く人物だったが、ルイ一四世の非嫡出子たちを正当と認めさせた功績がある。悲劇作家ラシーヌは貴婦人たちのために、リュクサンブール大元帥の主張についての文章を記したが、一言で言えば、「世間の大きな流れ」に立ち向かえる同輩衆は一人もいなかった。

リュクサンブール大元帥は六七歳を目前にしても二五歳のようにはつらつとしていたが、一六九五年に病気にかかり、わずか五日間で他界した。彼の息子が訴訟を引き継いだが、古い公爵同輩衆たちから一五八一年あるいは一六六二年のいずれかの公開状〔高等法院の登録を要する王令〕を選ぶよう迫られた。すなわち優先権を選ぶか、身分を選ぶかである。訴訟は延々と一七一一年まで続き、陰謀や王室の介入を経て（サン＝シモンの『回想録』ではこの件だけで七〇頁が費やされた）、ようやく、リュクサンブール公爵同輩衆創設は一六六二年とする王令が出され、身分の古さを一五七一年とする主張を退けた。彼より先に同輩衆になっていたサン＝シモンは「〔家柄が〕あまりに古くて腐ってしまったのだ」と書いている。

アパルトマン
Appartement

サン＝シモンによれば、「アパルトマンと呼ばれる宴は全宮廷の集まりであり、夜の七時から一〇時まで、大回廊の奥のサロンから礼拝堂の特別席へと続く大居室《アパルトマン》で開かれていた」。月曜日、水曜日、木曜日が「アパルトマン」の日で、あちこちにランスクネ〔カードゲームの一種〕やビリヤードなどゲーム用のテーブルが設置され、飲み物が用意され、リュリの指揮のもと「ヴァイオリン二四奏」が演奏され、「すべてが完璧に光に照らされていた」。その他の日には芝居が上演された。アパルトマンの宴が始まった当時、ルイ一四世もしばしばゲームに興じていた。

セヴィニェ夫人は一六八三年の手紙に、「ヴェルサイユから戻りました。美しいアパルトマンが開かれ、魅了されました。何とも自由な集まりで、すべてが素晴らしく、音楽もダンスも完璧でした。けれども何よりも嬉しいのは、国王と共に四時間も過ごすことがで

月曜日、水曜日、木曜日には国王の居室で「アパルトマン」と呼ばれる宴が開かれ、全宮廷人が参加し、ゲーム、飲み物、音楽を楽しんだ。

き、国王も私たちとの時間をお楽しみになったことです。どなたがこの集まりを考えついたのかは存じませんが、神の祝福があることを願うばかりです」

だが間もなく、ルイ一四世はアパルトマンに姿を見せなくなった。マントノン夫人の居室で大臣たちと執務して夕刻を過ごすようになったからである。それでも全員「欠かさず」出席せよ奨励し、宮廷人たちは熱心に通った。

一六九二年一月九日水曜日に開かれたアパルトマンはのちのち語り草になった。国王の従兄弟で後年摂政となるシャルトル公爵が、国王の非嫡出子との結婚を承諾したとの報せがもたらされ、アパルトマンで「固まって」集まっていた宮廷人たちは一様に驚愕の表情を浮かべた。公爵の母エリザベート・シャルロット・ド・バヴィエールはこの「卑しい」結婚に動揺し、ハンカチを手に人目もはばからず泣きながら回廊を歩いていた。彼女が通ると人々は道を空けた。翌日同じ回廊で、シャルトル公爵は毎朝のようにミサを待つ間、母の手に口づけしようと近づいた。だが母は宮廷人たちの目前で息子を平手打ちし、その激しい音は周囲に響き渡り、「多くの見物人たちはずいぶんと度肝を抜かれた」そうだ。

Appartement à Versailles

ヴェルサイユの居室

宮廷生活について日記を記したダンジョーは「新米貴族」で、ユグノーの家の出身だった。実直な性格で、ゲームのおかげで宮廷に入り込んだ。彼は堂々と二〇〇万（ルイ金貨）を儲け（セヴィニェ夫人は彼に興味を示して、「この方にはうかつなところなど少しもなく、優れた振る舞いで、不運を寄せつけませんでした」と書いている）、金を貸しつけて友人を増やした。見栄えがよく洗練されていたため、国王の愛妾たちから人気を集め、おかげで国王の耳にも彼の名が届いた。ある日モンテスパン夫人とゲームに興じていたところ、国王が彼の気をそらそうと、突飛な韻を踏んだ詩を作れるかと挑戦し、ダンジョーは見事にこれに応えた（サン＝シモンによれば、出来はよくなかったそうである）。ダンジョーはすかさず国王に、ヴェルサイユでの住居を嘆願した。住居希望者は多かったので、国王は怯んだが、今すぐすべての箇所で韻を踏んだ詩を作れば住居をやろうと持ちかけた。ダンジョーは挑戦を受け、ほんの一瞬だけ考えてから詩を作った。こうして彼は住居を手にし、次いでグラン・ドーファン〔歴代王太子の中でもルイ一四世の長男を「大王太子（グラン・ドーファン）」と呼ぶ〕付き近侍の仲間入りを果たした。さらに彼にとっては幸運なことに、リシュリュー公爵アルマンがゲームで大損し、王太子付き名誉騎士の官職を売らねばならなくなった。ダンジョーは目ざとくこれに乗じ、五〇万リーヴルで、「一種の貴族の身分をもたらす官職を手に入れた」。やもめだった彼は、オルレアン公妃エリザベート・シャルロット・ド・バヴィエールの親戚と再婚して、プファルツ選帝侯を自認すると同時に、「国王の猿」として「どこにでもついていった」。宮廷暦とも言うべき日記を書くことができたのもそのためだ。

ℬ

Bailler la serviette

ナプキンの特権

召使頭には大侍従に国王のナプキンを渡す（当時のフランス語では「運ぶ《バイエ》」）特権があった。大侍従が不在の場合は、親王あるいは同席する大公の大侍従に渡す。彼らが不在の場合は、召使頭自らが国王にナプキンを「運んだ」。

Baisemain

手の接吻

一七三九年、ヴェルサイユで前代未聞のことが起こった。スペイン王子《インファンテ》と代理結婚したばかりのルイ一五世王女ルイーズ・エリザベートに向かって、スペイン大使がたわむれに、妃殿下《マダム・インファンタ》はスペインにお越しになるのですから、手を差し伸べて接吻を受けねばなりませぬと話した。手の接吻はスペインのグランデの慣習で、スペイン大使はあらかじめフルーリー枢機卿から許可を得ていた。スペイン大使ラ・ミナ夫人も彼女の手に口づけをしたが、フランスの女性王族たちは拒否し、ヴィラール大元帥夫人は、国王あるいは、宮内府の一員であるフルーリー枢機卿に判断を仰いだ。

一七三九年八月三〇日、王女の出発準備が整い、国王はお付きの一行から挨拶を受けた。護衛馬車、豪華な四輪馬車、ゴンドラ型馬車、ベルリン馬車、駕籠、荷物馬車（支度一式を運ぶ馬車）用に、九〇〇頭以上の馬が用意された。国王はコルベール橋まで王女に付き添い、王女が馬車に乗り込むと、「マドリードへ」と言った。儀典長たちはこの宮廷作法《エチケット》が不可欠だとは考えていなかったが、国王はかつてモデナ公妃カルロッタ・アグラエ・ドルレアンスの出発に際し、御者に「モデナへ」と言い渡したことをはっきりと覚えていた。

正しかったのは国王の方だったが、公妃の父オルレアン公爵フィリップ二世は儀式に頓着しなかった。その下の娘ルイーズ・エリザベートがアストゥリアス公と結婚したときも、彼はパリ近郊のブール・ラ・レーヌまで送って別れの挨拶をすると、駅馬車でパリまで戻ってきた。

接吻
Baiser

宮廷人たちがフランス王女に初めてお目見えするのは、彼女の身支度の時間だった。王妃や王女にお目見えしても、特権（すなわち折り畳み式床几《タブレ》に座る権利）がない女性はドレスの裾に口づけする。一方、ルイ一四世はお目見えした貴婦人たちに接吻をしていた。

こうして、具体的な規則も定められないまま儀式が続いていたが、一八世紀に入ると、儀式は唐突に中止された。国王は慇懃に、ご婦人に接吻するには自分は年を取りすぎたと言っていたが、ブルトゥイユ伯爵は、戦へ向かう（あるいは戦から帰還した）国王が、女性たち全員に片端から接吻していたと述べている。モブージュの修道院を訪問したときにも、修道女全員に接吻した。「戦に向かう前、あるいは帰還後の接吻の習慣が廃止されたたのは、あまりに多くの女性がそのためにわざわざパリからサン＝ジェルマンやヴェルサイユへ来るようになったからだ」。しかし国王は大使夫人への接吻の習慣は続け、夕餐の儀式で膝を折ってお辞儀をする夫人方に、食事をしながら声をかけることもあった。

その昔、王妃は親王、公爵、官職保有者、そしてそれぞれの妻たちに接吻していた。だがアンリ四世のもとに嫁いだばかりのマリー・ド・メディシスは、国王にイタリアの習慣

王妃や王女へのお目見えは、身支度中に行われた。お目見えする女性はドレスの裾に口づけする。

を持ち込む許可を願い出た。イタリアでは王妃を含めすべての貴婦人は、男性に接吻の挨拶をすることを禁じられていたのだ。アンリ四世は、妻の願いを無下にはできないと答えた。ルイ一三世と結婚した頃のアンヌ・ドートリッシュも義母にならって、王弟《ムッシュー》とその娘たちだけに接吻していた。ルイ一四世との婚姻のためにスペインからサン＝ジャン＝ド＝リュズにやってきたマリー・テレーズ・ドートリッシュは、アンリ四世の孫娘にさえ接吻を拒み、グランド・マドモワゼルことモンパンシエ女公アンヌ・マリー・ルイーズ・ドルレアンは「反発」して、その前年にビダソア川のフェザント島でピレネー条約が結ばれた際に正式な挨拶をしたとの口実をつけて、姿を現さなかった。グランド・マドモワゼルの異母妹たちは結婚式当日に花嫁のドレスの裾を持ったが、花嫁からの接吻を受けないまま、裾に口づけしなければならなかった。亡きルイ一三世の弟、ガストンの寡婦マルグリット・ド・ロレーヌは喪を口実にパリから離れず、後日三人の娘たちを連れてお目見えした。さすがに王妃も接吻をしないわけにはいかず、国王の孫娘への接吻の慣習が復活した。

「どの時代でも」フランス王女たちは、官職保有者とその妻、さらにお目見えする貴婦人たちに、身分を問わず接吻をしていた。オルレアン公妃エリザベート・シャルロット・ド・バヴィエールも、結婚後一年間は接吻の習慣を続けた。一六八〇年にフランスに輿入れした王太子妃〔ルイ一四世長男の妻マリー・アンヌ・ド・バヴィエール〕の場合は、ルイ一四世により、王太子妃は接吻した男性の妻にも接吻すると定められた。つまり内親王、公爵夫人、官職保有者の妻である。

Bal paré

夜会服着用の舞踏会

夜会服着用の舞踏会に参加を許されていたのは特権保有者のみだった。親王には舞踏会で特定の地位はなかったので、若ければ踊りを楽しみ、そうでなければ宮廷人たちに交じった。貴婦人たちの後ろの長椅子に座れるのは大使だけだ。仮面舞踏会なら招待されていなくても参加できたが、ルイ一四世は治世の末期に、大使先導官ブルトゥイユに命じて外国人の出入りを禁じた。そのためブルトゥイユは、教皇大使でありながら国王と全く面識のなかった二人のイタリア人を門前払いせねばならなかった。

女性は「大衣装《グラン・タビ》」と呼ばれる正装を義務付けられていたが、巨大なパニエ、ハイヒール、途方もなく長い裾、あちこちに宝石が飾られて高く結ったかつらでは踊ることさえままならない。どの舞踏会でも、男性は帽子をかぶったまま踊っていた。ダンジョーの一六八五年の記述によれば、王太子妃は舞踏会が始まる際に、ブランルと呼ばれる踊りで内親王たちの相手をする騎士を指名していたそうだ。その前年の一六八四年、王太子妃はアラン卿

ある晩、公爵の次男が王太子の義娘ブルゴーニュ公爵夫人をダンスに誘った。けれども、これは特権保有者だけに許された権利だった。

の誘いを断った。彼女は小気味よいリズムの伝統的なメッスのブランル〔ロレーヌ地方では町ごとに独特のブランルがあった〕を踊りたいと言い訳して、結局踊りは中断したが、国王は彼女の言い分を認めた。アラン卿が公爵ではなく、公爵の子息に過ぎなかったからである。

ラ・トレムイユ公爵家は代々王家の血縁を自認していた。一五〇一年にアラゴン王フェルナンド二世により廃位に追い込まれたナポリ王フェデリーコ一世の母方の血を引いていたからだ。だが誰も彼らのあやふやな言い分を認めず、同家の次男は折り畳み式床几《タブレ》に座る権利もなかった。ある晩、次男タルモン公が、王太子（グラン・ドーファン）の義娘ブルゴーニュ公爵夫人をダンスに誘った。けれども、これは特権保有者だけに許された権利だったので、ちょっとした騒動となり、国王の判断を仰ぐことになった。パリ総督トレム公爵がマントノン夫人の部屋の扉を引掻くと〔当時の宮廷では、扉をノックするのではなく引掻いていた〕、国王が苛立った様子で出てきて、タルモン公はブルゴーニュ公爵夫人と踊る権利はないが、ダンスを申し込んでしまったからには、義妹である王弟妃《マダム》の手前これを禁じるわけにもいかなかったのだと述べた（妃の母とタルモン公の母は姉妹で、妃は日頃からラ・トレムイユ公爵を「従兄弟」と呼んでいた）。

タルモン公とビュリオン嬢の縁談が浮上すると、王弟妃《マダム》は何としてもこれを阻止しようとした。ビュリオン家は代々監督官や高等法院上席評定官を出してきた一族で、国王やその非嫡出子と親しかった。しかし王弟妃《マダム》は、この令嬢の母は自分の首席女官ヴァンタドゥール夫人の馬車にたった一度同乗するためだけに二〇〇〇ピストル〔スペイン、イタリアの古金貨〕も支払ったし、マルリーの狩りに招待されたこともなければ、王太子妃の食事に同席することも、馬車に同乗することも一度として許されたこともないと主張して反対した。ラ・トレムイユ公爵は結婚同意と引き換えに、息子がかつて舞踏会で特権保有者として扱われたことを根拠にルーヴルの栄誉〔196頁参照〕を要求し、縁談を進めたい国王は譲歩した。驚くべき経緯を経て公爵が手にした折り畳み式床几《タブレ》の特権は、「恩恵の折り畳み式床几《タブレ》」と呼ばれた。

Banc d'église

教会の長椅子

劇場でも舞踏会でも音楽会でも、国王の息子や男孫は貴婦人たちと並んで最前列の席に座っていた。親王が最前列に座れるのは礼拝のときだけで、太陽王ルイ一四世は、貴婦人に対する王子たちの特権を指して、「貴婦人に無作法を働く権利があるのはフランス国王の息子と男孫だけだ」と言った。

サン＝シモンによれば、カプチン会神父セラファンは説教でしばしば同じことを二度話していたが、これがひどく国王の気に入ったという。中でも有名な言葉は「神なくして知性なし」だが、国王が官職を通じて臣下に才能を付与すると考えられていたことを踏まえれば〔23頁参照〕、大胆な一節ではある。いずれにせよセラファン神父は大の人気者となった。

四旬節〔復活祭前日までの、大斎と改悛の四〇日間〕の説教には、普段は礼拝に姿を見せないヴィルロワ大元帥とラ・ロシュフコー公爵も出席した。これは前代未聞のことで、皆が唖然として彼らを凝視した。国王は決して礼拝に出席しない二人をとがめたが、ヴィルロワは、誰も反論できないのをいいことに一方的に説教を聞かされるのに我慢ならないのですと答えて、国王を笑わせた。ラ・ロシュフコーは、身分の低い宮廷人ならともかく、自分は礼拝の席を配分

親王は教会で最前列に座っていた。これは貴婦人への無作法ともとられかねなかったが、国王は権利であるとして認めた。

する官吏に頼み込むとか、朝早く起きて席を取りにいくなどということにはどうしてもなじめないのですと答えた。

それを聞いた国王はすぐさま、「彼の役職を鑑みて」自分の後ろの四席目を与えた。国王の後ろには近衛隊長、その右に侍従頭、左に首席侍従が座っていた。そして四席目がそれまで決してこの特権を手にしたことのないラ・ロシュフコーに与えられたのだ。

ひそかにこの席を狙っていた首席司祭オルレアンはひどく憤慨したが、さすがに自分を枢機卿に任命した国王には歯向かうわけにもいかず、それまで親友だったラ・ロシュフコーと決別した。宮廷の有力者である主馬頭も公爵に嫉妬して、首席司祭をそそのかし、宮廷中が喧喧囂囂となった。オルレアンの友情を失って愕然としたラ・ロシュフコーは身を引こうと考えたが、大多数の宮廷人の支持を得ていたオルレアンは頑なだった。しかし結局は「これほどの騒動も結局は雑音でしかない」ことに気がついて、司教区に隠棲した。

国王の理髪師

Barbier du Roi

国王の理髪師ジャン・カンタン・ド・ラ・ヴィエンヌは「控えめな目立たぬ人物」で、

彼が国王の髪を整えているのを見た者はいない。というのも、「国王の理髪師として四つの官職」をかけもちしていたからだ。サン＝シモンによれば、彼は兄フランソワのおかげで国王の理髪師になったそうで、兄はいくつかの仕事を経たのちに、入浴施設を開いて大成功した。

恋愛盛りの頃のルイ一四世は、浴場へ赴いて芳香をまとっていた。また「希望するものがつねに手に入れられるわけではないので」、「強壮剤」を手に入れる目的もあった。ラ・ヴィエンヌ兄は恰幅がよく色黒で、ひげを生やし、無教養で、誰に対しても親切であけすけだった。とはいえ、うぬぼれが強いわけでも無作法なわけでもなく、身分差に無知なだけだった。逆に弟はつねに一定の距離を保っていた。そうした姿勢と、国王の愛妾モンテスパン夫人の後押しもあり、一六九三年に爵位を授けられ、「温和で礼儀正しく、社交界の慣例に通じている」彼の妻は、幼い王太子妃の首席侍女に任命された。サン＝シモンは「これはなかなかの要職だ」と述べている。

一七〇四年、国王の理髪師ジャンは召使頭に任命され、息子は国王の衣装部首席近侍となり、「一族は大いに恩恵を受けた」

Bâton de maréchal
大元帥の杖

一六九五年三月二七日、ルイ一四世は七人を大元帥に任命したが、ショワズール公爵はその中に入っていなかった。それには「奇妙な」背景がある。公爵の妻は、国王の愛妾ラ・ヴァリエール夫人の姪で、夫人同様女神のように美しかった。彼女はいつもコンティ公妃〔ルイ一四世の娘マリー・アンヌ・ド・ブルボン〕と一緒だったが、国王は二人の友情に不信感を抱いていた。果たして、ショワズール公爵夫人は大の男好きだった。

そこで国王は彼女の夫を介して行動に出ることにした。彼はショワズール公爵の親友であるラ・ロシュフコー公爵に、「〔ショワズールの〕奥方が公共の秩序に混乱を引き起こしていることを指摘し、彼女を修道院に入れよと伝え、公爵が煮えきらないなら、（大元帥の）杖を逃してしまうだろうとほのめかすよう」命じた。ショワズール公爵は戦功への見返りが、他人には関係のない家庭内の事情と混同されることに腹を立て、頑として聞き入れなかった。そのため大元帥の地位を逃したが、さらに始末の悪いことに妻は相変わらず奔放だったため、ついには公爵も妻を追い出さざるをえず、彼女は官職を失って三年後に他界した。

一七五六年には大元帥任命の儀式が簡素化された。陸軍大臣が宣誓を読み上げ、国王は単に「フランス大元帥の印を授与する」と述べる。陸軍大臣が国王に杖を渡し、国王はこれを新大元帥に授与する。新大元帥は杖を首席近侍に渡し、首席近侍は陸軍大臣に渡して、次の大元帥に授ける。宣誓者が最後に「ウイ！」と答えて、儀式が終了する。ある夜、クロイ公爵はポンパドゥール夫人を前に、絵画で見たのとは違ってフランス王家を象徴するユリの花が杖に刻まれていないと愚痴をこぼした。夫人は自分が何とかしましょうと答えたそうだ。

扉
Battants

扉番は王族や、謁見に向かう大使のために両開きの扉を開く。一六九九年、ロレーヌ公レオポルトはバル公領を治めるにあたり、一親専属的臣従礼（封臣の誓い）を立てる封建的儀式のためヴェルサイユを訪問した。

ロレーヌ公は国王の姪と結婚して王族となりながら、主権を有しない。彼は国王の執務室に入るのに、従者に国王の寝室の扉を引掻かせた。扉番に「何者か」と問われた従者は、「ロレーヌ公でございます」と答えたが、扉が開く気配はない。同じことを二度繰り返し、三度目に従者が「バル公爵でございます」と答えると、扉番は「片方の扉だけを」開いた。レオポルトはロレーヌ公としてではなく、バル公として封臣の誓いを立てに来ていたためだ。

Baudrier

サッシュ

数多くの大使の中でも、ヴェネツィア大使だけが帰任の謁見で騎士に叙されていた。だが問題が一つあった。

大使は着任直後の謁見で、ヴェネツィア貴族の礼服を着用していた。前開きの黒く長いマントで、刺繍を施したローブが下に見える。しかし帰任を控えた大使がこの服装では、騎士の儀式で定められた剣や肩からかけるサッシュ（もともと軍人用の革製サッシュで、金刺繍が施されていた）をかけたら滑稽だろうし、そもそもかけられないだろう。国王の孫でのちに摂政になるオルレアン公爵フィリップ二世は、着任したヴェネツィア大使アルヴィーゼ・ピザーニをパレ・ロワイヤル〔パリ中心地にあるオルレアン公爵の城館〕に迎えたことがある。一七〇三年に大使の帰任が決まると、公爵は自分が謁見するものだと考えた。だが大使先導官ブルトゥイユからサッシュの問題について聞かされ、面倒を避けるために、パリよりも縛りが少ないヴェルサイユで謁見することにした。その上、国王は自分が謁見するはずだと記憶していたので、オルレアン公爵も記憶が定かではありませんと調子を合わせた。国王はピザーニにフランス風の服装を命じた。

当日、ブルトゥイユと彼の助手で「案内補佐官」のヴィルラ、大使、海と陸地（すなわちヴェネツィア本島と「本土」）の有力者たち、王太子妃、王弟妃《マダム》とその息子、そしてオルレアン公爵の一団はヴェルサイユに向かった。しかし大使はうっかり、自分の息子を王

国王の執務室の両開きの扉は、王族にのみ開かれていた。

太子妃の馬車に乗せてしまった。彼は国王の馬車の折り畳み椅子の方が、他の馬車の一等席よりも格上であることを知らなかったのだ。謁見では、大使は帽子をかぶらずに、黒いヴェルヴェットの膝用クッションにひざまずいた。国王も就寝の儀ではこの上にひざまずく。帽子をかぶった国王は剣を取り、大使の両肩をたたいて、「聖ゲオルグと聖ミカエルにより、汝を騎士に叙す」と言う。すると衣装部長（彼は国王に服を着せる役目なので、帽子をかぶっていない）が、大使に剣とサッシュを授ける。ピザーニはこの服装のままで一日を過ごした。ブルトゥイユがあえてこのことを記述したのは、「フランスではほぼ一五年前から、サッシュはまったく使われておらず時代遅れ」だったからだ。名を持たぬ騎士団の騎士に叙された歴代大使は、ヴェネツィアに帰国後も金のストラ〔細長い帯状の布〕を肩からかける権利を有し、金のストラ騎士と名乗った。

　国王はつねに、ヴェルサイユでの儀式にはフランス風の服装で出席するようヴェネツィア共和国大使に要求していた。「ここはささやかな田舎の家」だから、というのがその口実だ。ヴェネツィア大使も次第にそういうものだと思うようになっていったが、国王がヴェルサイユに住むようになって二〇年も経つ頃になると、ブルトゥイユはパリと同様の典礼に則って儀式を挙げるべきだと考えられるようになった。

　王弟《ムッシュー》はヴェネツィア大使たちの礼服着用の慣習が完全になくならないよう、一七〇〇年一月二三日のパリの謁見で、彼らの礼服着用を希望した。国王も一七〇四年一一月一八日には、ヴェネツィア共和国の正装をした新大使ロレンツォ・ティエポロをヴェルサイユに迎えた。

王のメス

Bistouri à la royale

王のメスとは一六八六年から八七年にかけての冬、国王の筆頭外科医フェリックスがルイ一四世の手術のために考案したメスだ。おかげでフェリックスは大変な名声を博し、宮廷で多くの顧客を得た。その上、他の医師とは違って、回復した王から多額の報酬を与えられた。

ブルー

Bleu

宮廷の官職の多くは、ほとんどが一年のうち三か月のみの勤務だった。これを四分の一勤務（カルティエ）と呼ぶ。四分の一勤務の近衛隊長は、象牙製の丸い握りのついた黒檀の大きな杖を持っていた。「ムッシュー・ブルー」とは近衛兵を指すが、目印になるのはこの杖しかない。

「ギャルソン・ブルー」と呼ばれる近侍は首席侍従の指揮下にあり、国王の寝室の後部扉や執務室の扉から入室する特権を持っていた。彼らのほかにこの特権を持っていたのは、王太子、国王の息子や男孫たちだけだ。

ギャルソン・ブルーは国王の「夕餐後」、部屋に隣接する犬の小室〔国王の犬が飼われていた部屋〕で、王太子（グラン・ドーファン）や王太子の息子たちの近侍と過ごすこともあった。犬の小室とかつらの小室（王女の着付け係がいた部屋）に面した扉は開け放しになっていたため、国王とは別に食事をしてから特権により食後に国王と過ごす親王や内親王の姿が見え、国王との会話が聞こえてくることもあった。近侍たちは王族に「遠慮して」、部屋で待機することはめったになかった。

Bonnet

縁なし帽

法廷で高等法院長は立ち上がって、周りに立っている法院メンバーの「一団」(法服貴族やブルジョワ)の意見を聞き、さらに同輩衆の主張にも耳を傾ける。その後自分の席に戻り、判決を下す。彼は縁なし帽をかぶっていた。傍聴禁止の法廷でも縁なし帽をかぶったまま、法院メンバーの主張を聞く。法院メンバーは帽子をかぶっておらず、院長に名前を呼ばれてから意見を表明していた。同輩衆の番になると、院長は帽子を脱ぎ、彼らが討議中も脱いだままだった。親王が名を呼ばれることはない。こうした習慣は時と共に名誉と化した。院長ノヴィオンは他の法院メンバーを差し置いて同輩衆が優遇されることに我慢がならず、メンバーが呼ばれている間も縁なし帽を机の上に置いたままにしたり、不注意を装って、帽子をかぶったまま同輩衆の名を呼んでから、さもうっかりしていたかのように脱いだりしていた。

ユゼス公爵は真っ先にこれに反発し、帽子を深くかぶったまま、威嚇するような調子で意見を述べた。公爵たちは彼の言わんとすることを理解し、国王に不満を訴えた。幼少期にフロンドの乱を経験し、法院メンバーが大物貴族と結託して国王とマザランに歯向かったことを記憶していた国王は、この話を聞いて満悦だった。彼は日頃から公爵たちの勢力を抑えようとしており、この論争で両者は国王への依存を深めた。国王はユゼス公爵は独断的だと述べ、介入しようとしなかった。サン=シモンは「高等法院での同輩衆の様子を

「ギャルソン・ブルー」と呼ばれた近侍たちは勤務中、国王の会話を逐一耳にしていた。

この目で見なければ、以降、事態が膠着し、同輩衆が帽子を脱ぎ院長がかぶったままなどとは信じられなかっただろう」と憤慨している。

法院メンバーたちは長年にわたり、「その大衆的な性格を失うことなく」、この悪習を続けた。しかし国王の非嫡出子に当たるメーヌ公爵が同輩衆の好意を得ようと（というよりも高等法院に対抗して）、帽子の件を蒸し返した。

ある朝、起床の儀を終えた国王は、宮廷人の前でその日一日の指示を出していた。そこでメーヌ公爵は、この無作法な帽子の件を持ち出した。彼は他の公爵たちにも働きかけたが、反応はよそよそしかった。メーヌ公爵は親王として認知されたばかりだったが、公爵たちからすれば婚外子であることに変わりはなく、その上高等法院との衝突を恐れていた。とはいえメーヌ公爵を無下にすれば、国王とマントノン夫人の神経を逆なでしかねず、彼の提案を受け入れるよりもさらに危険だった。

同輩衆は高等法院長メームに接近した。メーヌ公爵の取り巻きであり、公の妻のお気に入りだったメームは、縁なし帽の件で話し合いに応じる姿勢を見せた。国王は、事を「丸く」収め、「この耐え難い醜聞」に終止符を打たねばならないと公言したが、それは無理な話だった。国王はこう公言することで、逆に事態解決に横槍を入れたのだ。

法官たちは院長に不満を訴えた。それまで公爵たちに対して「いかにも愛想よく振る舞っていた」院長は、高等法院としてはずいぶんと昔にさかのぼる習慣を断つのは難しいとほのめかすようになった。そして公爵たちに驚くほど冷淡な態度を取るようになり、結局は病気を決め込んだ。この件について何度か食事会が開かれ、国王は公爵同輩衆全員を出席させたが、そのために国王の夕餐のサービスをする者がいなくなった。これは前代未聞のことで、国王は通年勤務の衣装部長の給仕で我慢しなければならなかった。

この件を利用して親王としての立場を確立しようとしていたメーヌ公爵は、一向に進展しない事態を前に、妻を登場させることにした。彼女は異常に背が低かったが、内親王だった。メーヌ公爵はソー城に公爵たちを集め、公爵夫人が直球勝負に出た。国王から王位継承権を認められた公爵は、国王崩御の際に親王らがこの決定に対して「騒ぎを起こしたり」異論を唱えたりするのを何としても防ぎたかった。そこで彼は公爵たちに国王の決定を認めるとする書類に署名するよう迫ったのだ。これが公爵の真の狙いであった。一同は驚いた様子で互いを見た。いかなる臣下であれ、存命の国王の意思を認める権限などない。国王の意思はそれだけで充分であり、正式に裁可される。当然、公爵の特権を快く思っていない高等法院にとっても、公爵たちが法院メンバーに帽子を脱ぐよう迫っている今このときに、こうした働きかけは常軌を逸しており、屈辱的でもあった。

長々と続いた討論ののちに出された結論は「ノン」だった。メーヌ公爵夫人は王座の資格を取り上げられるくらいなら、「王国の中に」炎を放つ方がましだと言い、無理に社交辞令を連ね合って会合はお開きとなり、帽子の件は未解決のままだった。

メーヌ公爵は戦略を変更し、公爵たちを追い込むことにした。そこで彼は別の女性――マダム・ラ・プランセスと呼ばれた義母アンヌ・ド・バヴィエール――に頼った。彼女は誰からも信頼されず、公爵も義母を「見かけ倒し」「愚か」と評した。だが、彼女は国王に直談判し、縁なし帽の件で近年確立された親王と公爵の区別を維持するよう懇願した。そして自分の夫、大公殿《ムッシュー・ル・プランス》ことコンデ公アンリ三世は長い間陛下に、縁なし帽は同輩衆に対する親王の最上の特権であると語っていましたと述べ、亡き夫のためにも「何も変えないよう」、法院長は同輩衆の前では帽子をかぶったままでいるようにと頼み込んだ。

国王は彼女の望みをかなえ、厄介な問題にも片をつけられてすっかり満足だった。メーヌ公爵はあらかじめメーム院長に二万五〇〇〇フランの年金を払っていたが、恥ずかしげもなく王に支払いを頼み込み、王は可愛い非嫡出子の頼みを断りきれなかった。サン＝シモンは『回想録』で実に一四〇頁を割いて、縁なし帽の件の「全貌を簡潔に」要約した。

王のブーツ

Bottes du Roi

国王のブーツを履く儀式と脱ぐ儀式への入室特権はごく「親密な」者にのみ許されており、この機会を利用して、比較的内密に王と話すことができた。ルイ一四世は通風に悩まされていたので、狩りの日限定のこの特権はさほど重要ではなくなっていたが、ルイ一五世はこれを復活させた。毎夕六時になると、マダムと呼ばれる王女たちは読書や織物を中断して、腰に大きなパニエをつけ、金装飾のスカートとトレーンをまとい、黒タフタのマントを羽織り、騎士、女官、小姓、近習、大きなたいまつを持った扉番を連れて、親王たちと共に国王の部屋に向かう。ルイ一五世は彼女たちの額に口づけをしてから下がらせる。

宮廷の食事の手配を担っていたのは、国王付き大膳部だった。ワイン調達係は朝食用に果物やビスケットを調達していた。

この儀式は一五分ほどの長さだった。

国王付き大膳部

Bouche du Roi

宮廷の食事の手配を担っていたのは、国王付き大膳部だった。一六八五年以降、ヴェルサイユ宮殿の厨房は、建築家マンサールが設計した宮殿のごとく巨大な建物内に設置された。この建物には数百の部屋があり、厨房の上階には一五〇〇人が住んでいた。普段は首席召使頭がパン焼き係、酒膳官、肉の切り分け係など各部からなる一団を統率していた。侍従、近侍、小姓に交じって、野菜担当、使い走り、ロースト肉の焼き具合を監督する「肉の担当係」が忙しく立ち働いている。彼らは第三身分の「国王陪食官」（恒久職）だ。一六九五年の専任ワイン係は、ルイ一四世の医師（四分の一勤務）の指示に従い、シャンパーニュワインではなくブルゴーニュワインを供した。ドン・ペリニョンはこの年にワインの二次発酵を考案したと言われている。ワイン調達係は朝食用に果物やビスケットを調達し、国王の移動の際には必ず付き添っていた。この一団を長年にわたり統括していたのはブルボン家の者だったが、一六世紀、大元帥ブルボン公シャルル三世に裏切られたフランソワ一世は、実子を大膳部の統括者に任命することにした。しかし一六世紀後半には、王家に連なる別の一族、ロレーヌ家がこの職を担うようになった。

食事の儀式は形式的で厳かだった。国王の大正餐の料理を運ぶ一団は列をなして、厨房から宮殿までの四〇〇メートルを歩く。騎兵銃を肩に下げた士官の姿も見える。召使頭が銀の柄のついた杖で扉をたたき、一団を入室させる。「皆さま方、国王の肉が供されます！」ネフと呼ばれる金メッキを施した舟形の銀容器に盛りつけられた食事が通ると、王太子妃も含め全員が身をかがめねばならない。

端麗王ことフィリップ四世が一三〇六年に創設した肉を切り分ける首席従者の役職は、のちに「肉切り分けの首席近習」となった。彼は軍隊では国王のすぐ後ろで旗を持って国王のいる場所を示し、平時には国王の食卓で左手にフォークを持ち、肉を直接触らずに剣で切り分ける役割を担っていて、十字に配したナイフとフォークを紋章に組み込むことを許されていた。

Bougeoir
手燭の特権

手燭の特権は、毎晩就寝の儀で、「その場にいる者の中でもっとも重要で、国王が引き立てようと思う宮廷人一人」に対して下される厚意の印だった。

国王が服を脱ぐ部屋は煌々と照らされていたが、宮廷司祭は夕べの祈りを読むのに手燭を使い、その後これを首席近侍に渡し、近侍は肘掛椅子に座った国王の前に手燭をかざした。

ルイ一四世は周囲に目を向けて、宮廷人一人を声高に指名し、近侍はその宮廷人に手燭を渡す。「これは大変な栄誉で、国王はささいなことに意味を付すすべを心得ていた。〔指名された者は〕手袋を脱ぎ、前に進み出て、ごく短い就寝の儀の間手燭を持つ。その後首席近侍に手燭を戻し、近侍は小就寝の儀に同席する者の中から一人を選んで手燭を渡す。渡されるのは、もっとも高位でもっとも家柄の高い者である」「私はしばしば手燭を渡された。教皇大使は別として、大使に渡されることは稀だった」とサン＝シモンは述べている。一七〇二年、サン＝シモンは国王の怒りを買ったが、国王は顔には出さず、あえていつも通り彼を手燭係に指名し続けた。「三年間、国王から与えられたものといえば、これだけだった」とサン＝シモンは回想している。

クロイ公爵は荷馬車の災難のおかげで手燭の特権を得た。あるとき、彼はヴェルサイ

ユを去る途中で馬車を止め、移動中本を読み続けられるよう、従僕にランタンを探しに行かせた。その直後に「緊急の欲求」が湧いてきたため、馬車を降りた。御者と従僕はランタンの光に目がくらんで公爵が降りたのに気づかず、そのまま出発した。公爵は馬車を追いかけるわけにもいかず、帽子もかぶらないでルダンゴトコートと革ブーツ姿のまま置き去りにされた。空は晴れ渡っていた。そこに農夫が通りかかったので、公爵はコートを頭にかぶって荷馬車に乗せてもらった。セーヴルに着くと、彼はなけなしの一ルイを渡し、そなたたちは宮廷の貴人を運んだのだと説明した。城館では大騒ぎになっていて、使用人たちが「血眼で」主人を探していた。国王はこの話を面白がり、就寝の儀で公爵を指名した。

諸事勅許

Brevet d'affaires

小就寝の儀で、国王は服を脱ぎ、宮廷人たちに夜の挨拶をしてから、部屋着のまま椅子型便器に座り用を足す。この場に同席するには、侍従の官職に就いていなければならないが、便器の中身を捨てるには、特別な勅許による特権が必要だった。椅子型便器あるいは諸事椅子と呼ばれた便器にちなみ、この勅許は諸事勅許と呼ばれ、これを手に入れるのに六万エキュ払わねばならぬこともあった。「礼儀正しい」王は、「必要に迫られてではなく儀礼から」この椅子に座っていた。

フロンドの乱の時代、幼かったルイ一四世は便器にまたがっている間、マザラン枢機卿を部屋の外で待たせたことがある。枢機卿が就寝の儀に参りましたと言っても（彼が就寝の儀に来るのは「ごく珍しいことだった」が）、王は黙したままで、教育係もその場にいた者全員も戸惑った。結局枢機卿は、就寝の儀をあきらめた。太陽王ルイ一四世が幼くしてすでに強い独立心を抱いていたことを示すこのエピソードを伝えたのは、首席近侍ラ・ポルトである。

ルイ一四世が絶対支配を敷き始めてから取った最初の行動、すなわち財務卿ニコラ・フーケの逮捕をめぐっては、諸事勅許が交渉材料となった。シャロスト老伯爵はフーケが裁判にかけられることに、公然と憤慨した。彼の息子はフーケの娘と結婚していたのだ。フーケの失脚を画策した政治家コルベールは伯爵に追い詰められ、脅威を感じた。そこで伯爵の近衛隊長の襲職権〔一定の官職税を支払うことで官職を継承する権利、三二一頁参照〕を彼の息子に譲渡する交渉が始まった。これは国王と危険なほど近い官職だ。

コルベールは保身のためなら「特別な優遇処置」をとってもよいと考えていた。結局「老練な宮廷人」シャロストは口を閉ざし、安価で官職を譲渡し、代わりに「ただ同然で」北仏ピカルディー総司令官の職を得た。だが話はこれで終わらなかった。彼は国王に直訴し、自分と息子のために二つの諸事勅許を要求した。コルベールは、「国王にいつでも親密に近づけるきわめて貴重なこのルート」を想定していなかった。していたら、妨害しただろう。

こうして手に入れた勅許をシャロストは大いに利用し、国王は彼に、誰かを同輩衆に取り立てるときには、必ず勅許状でそちらを公爵に叙そうと約束した。あるとき、国王はパリ大司教アルレに完全に沈黙を強いる代わりに同輩衆に取り立てた〔彼はルイ一四世とマントノン夫人の秘密結婚を挙げ、これを公表しなかった〕。シャロストは抜け目なくこれを嗅ぎつけて、小就寝の儀に同席していた一握りの宮廷人の前で、椅子型便器にまたがる国王を「攻撃」した。ルイ一四世は約束を守らざるをえなかった。

保留勅許
Brevet de retenue

保留勅許は国王の大権の一つであり、世襲制ではない官職を国王の勅許により希望者に付す制度だ。希望者は官職保有者に、国王が定めた金額を支払う。国王の朗読係ボンルポは、一六九二年に六万リーヴルの保留勅許を得た。

ブイヨン公爵も一六九五年に侍従頭職の保留勅許を得た。「侍従頭職の保留勅許は六〇万リーヴルだったが、二〇万リーヴル増額された」。当然、公爵は国王がこの官職の襲職権を公爵の息子に許すことは決してないとわきまえていた。

C

Cadenas
食卓盆

イングランド王チャールズ二世はフランドルで亡命生活を送っていたが、ネーデルラント政府は「お世辞にも礼儀正しいとは言えず、なれなれしく」彼を扱った。コンデ公は国王たる者、窮地にあっても、革命で追放されても、敬われねばならないと伝えることにし、王とネーデルラント総督フアン・ホセ・デ・アウストリア、そして主だったベルギー貴族を食事に招待した。ダイニングルームに足を踏み入れたフアン・ホセは、大テーブル一脚と、肘掛椅子一脚、そして食卓盆一つしか置かれていないのを見て目を丸くした。食卓盆は国王や王子のカトラリーを入れる金と金塗りの銀の小箱だ。大公殿《ムッシュー・ル・プランス》〔一般にコンデ公は「大公殿」と呼ばれ、その長男は「公爵殿」と呼ばれていた〕はイングランド王の前で手を洗い、ナプキンを手に取ってサービスした。その他の者は別室で食事をとり、イングランド王の許可を得てから入室した。

この出来事から間もなくして、親王たちは自分と同じく食卓盆を使う権利を持っていた公爵たちと一線を画すために、食卓盆を使わなくなった。私的な食事でも公爵たちとの共

摂政の娘の輿入れに付き添ったヴィラール公爵夫人は、公衆の面前で自分だけ特別に食事をする権利を要求し、カトラリーを入れた金の「食卓盆」の権利も獲得した。

通点を払拭しようと、紋章の入ったカトラリーを使わなくなった。

一七二〇年、摂政オルレアン公フィリップ二世の娘、マドモワゼル・ド・ヴァロワことシャルロットがモデナ公との婚姻のために旅立った。出発に際してお付きの女性の一人ヴィラール公爵夫人は、一切の条件を明文化してほしいと要求し、摂政は公爵夫人は場所を問わず我が娘と同じ待遇を受けることと定めた。そのため夫人にはシャルロットと同じ「肘掛椅子、食卓盆、ソーサー、蓋付きグラス、金メッキの銀スプーン、フォーク、ナイフ、皿」が与えられ、「食卓での給仕のために同等の使用人」をつけられた。ただし、「手」の特権（上席である右側の位置と優先権）は別である。

ほかの貴婦人たちはこうした区別に不満を抱き、公衆の面前での食事では公爵夫人とは別のテーブルで食べるようにとシャルロットをけしかけた（ちなみにシャルロットは旅程を長引かせたので、モデナ公国から摂政に苦情が来た）。さすがのヴィラール公爵夫人も、ほかの貴婦人たちの手前、自分だけ食卓盆を使うわけにはいかなかった。ただし「先王（ルイ一四世）の治世中期までは、公爵夫人たちは普段から食卓盆を使っていた」ようだ。

ヴィラール公爵夫人は摂政に状況を報告し、摂政は娘に、公衆の面前では自分だけ食卓を別にせずにヴィラール公爵夫人と食事をするようにと書き送り、娘は父の命令に従った。

Calice des hosties consacrées

聖体の入った聖杯

聖体とはイエスの体とされる聖別されたパンで、カトリックのミサで信者に分けられていた。聖ルイ王の末裔である親王たちには、この聖体の入った聖杯に触れる特権があった。

Capitaine de la porte

扉守備隊長

日中、国王の住居の鍵は、五〇人からなる扉守備隊により管理されていた。四分の一勤務の彼らの武器と言えば矛槍くらいだったが、精鋭ぞろいで、近習でもあったため、貴族の身分だった。

「驚くほど背が高く、ちぎれてしまうのではないかと思うほど細かった」ラ・シェーズ伯爵フランソワ・デクスは、王の聴罪司祭だった兄ラ・シェーズ神父のためにこの「重要職」を獲得した。

Capitaines des toiles

罠専門隊長

狩りに関係する部署は四つあった。王国狩猟頭率いる狩猟部、大狩猟官率いる狩狼部、鷹番頭率いる鷹番所（三〇〇羽の猛禽を飼育していた）、そして「罠」専門部である。「罠」とは野禽獣《ジビエ》を狩り立てる際に使う網を指す。すでにフランソワ一世の時代には、この部署は射手一〇〇名、荷車五〇台、馬に乗った狩猟係一二名、猟犬五〇頭、猟犬付き従者六名、追跡犬五〇頭、犬付き従者六名を抱えていた。

Cardinaux

枢機卿

枢機卿たちは「ある意味」、親王よりも格上であると自負していたので、サン＝シモンは自負心の強い彼らが突飛な要求をしてこないよう、公爵同輩衆に「どんなことがあっても」枢機卿のもとを訪ねないようにと忠告していた。公爵にも団体としてのまとまりが必要だったということだろう。

枢機卿たちは親王よりも格上であると自負していた。こうした根拠のない思い込みを助長しないよう、公爵同輩衆たちは決して枢機卿のもとを訪問しなかった。

Carreau
膝用クッション

一六六四年から六五年にかけてフランスを訪れたボローニャの神父セバスティアーノ・ロカテッリは、盛儀ミサ〔式文を唱える読唱ミサと歌唱を伴う歌ミサの両方を伴ったミサ〕での優先権について指示を出した。それによれば、国王の位置はこれまでと同じく中央の祈禱台で、深紅のヴェルヴェットの膝用クッションを使う。クッションは金糸で太い縁取りがされ、金房が付いていた。その右には、母后の膝用クッションが国王のクッションの真中まで来ていた。当時、王妃は病に伏しており不在だった。左には、国王のクッションとは完全に離れて、王弟妃《マダム》アンリエット・ダングルテールのクッションが置かれていた。母后のクッションの半分は、彼女の次男、王弟《ムッシュー》のクッションと重なり、反対側、アンリエットのクッションの半分は、王の縁戚コンデ公のクッションと重なっていた。

コンデ公は国王よりも身だしなみがよかったので、ロカテッリは当初、国王を見分けるのに苦労した。王の祈禱台の右角に置かれていた小ぶりなクッションは、いとも敬虔なるキリスト教徒王〔フランス国王〕の宮廷司祭兼ランス大司教、亡き教皇ウルバヌス八世の甥に当たるアントニオ・バルベリーニの席だ。公爵、王子、男爵、その他の宮廷人、貴婦人、騎士

王の膝用クッションは深紅のヴェルヴェットで、金の大ぶりな縁取りと金房が施されていた。その他の者たちは、緑色のクッションを使っていた。

は全員、あちこちに散在する緑色のクッションを使っていた。

王族のクッションのうち四つは紫色のヴェルヴェットで、国王の二つのクッションほど大きくはないものの、同じように金刺繡と金房が施されていた。祈禱台の下に敷かれ、周囲の石床を約半ペルシュ（二〇メートル）にわたって覆っていた絨毯にも、同じモチーフがあしらわれていた。

一七二四年、ルイ一五世はミサで公爵たちの膝用クッションを除けさせて、一同を仰天させた。ルイ一四世時代、公爵たちにはクッションは許されていなかったが、ルイ一五世が幼いのをいいことにクッションを使うようになっていたのだ。

王太子妃の馬車

Carrosse de la dauphine

コンティ公妃はルイ一四世の非嫡出子の一人だ。国王は彼女の女官たちに、王太子妃ブルゴーニュ公爵夫人と共に食事することを許した。それまで、内親王の女官は王太子妃の馬車に同乗したり、食事を一緒にしたりすることは一切許されていなかったのだ。

内親王の女官が王太子妃の馬車に同乗することは一切許されていなかった。だがルイ一四世は、非嫡出子コンティ公妃の女官にそうした特権を与えた。

大臣の馬車
Carrosse de ministre d'état

正確には最高国務会議の構成員である大臣はいくら野心家であろうと、「身分上」大使と優先権を張り合うことはできず、大使は親王の右横に座るという「手の」特権を持っていた。

しかし外務大臣でコルベールの甥に当たる「たいそう控えめ」なトルシー侯爵は、自分の馬車を親王たちの最後部の馬車と、ヴェネツィア大使エリッツォ、サヴォワ大使フェッレーロの間に押し込んだ。一六九九年、エリッツォの後任はこの件を問題視し、押し込みを拒否した。フェッレーロの後任も一七七〇年一月に、「ヴェネツィア大使に少しでも後れを取ろうものなら、上層部から鉄槌を下される」と述べ、これにならった。以降、トルシーが馬車をねじ込むことはなかった。

それでも大使たちは用心を怠らず、ようやく秩序が回復した。トルシーは最後から二番目の位置に戻り、彼の後に続くのは大使先導官の馬車だけだった。

Carrosse du Roi
国王の馬車

遠方で狼狩りを終えた王太子（グラン・ドーファン）は、縁戚に当たる公爵殿《ムッシュー・ル・デュック》ことコンデ公の馬車でヴェルサイユに戻った。公爵には主馬寮長ザントライユと国王陪食官シレリー騎士が同行していた。

王太子は公爵の広々とした馬車に乗ったが、公爵の従者たちに、遺憾ではあるが同乗は控えるようにと言い渡した。そしてヴェルサイユに戻ると、「彼らを同乗させるわけにはいかなかったのです」と国王に儀礼の窮屈さを訴えた。ルイ一四世は素気なくしかし断固たる口調で、「そうであろう。そなたが乗る馬車はそなたのものとなり、親王の使用人が乗れるものではなくなるのだから」と答えた。

大コンデ公の義娘コンデ公妃は内親王の筆頭を占めるが、彼女の首席女官ランジュロン夫人には、国王の馬車に同乗する権利も、食事に同席する権利もなかった。しかし国王アンリ四世の孫ギーズ夫人に仕えるようになると、国王と彼の義妹の食事に同席する権利、国王の馬車に同乗する権利を得た。けれども再びコンデ公妃に仕えるようになると、いずれの権利も失われた。

一六八七年、ブルジョワ出身の女性が国王の馬車に同乗する権利を得た。ランスの毛織物商人の家の出だった財務総監コルベールの妻だ。彼女は人知れず、ルイ一四世の非嫡出子、コンティ公妃マリー・アンヌを実の娘たちと共に育てたのだ。コルベール夫人は国王に認知されたマリー・アンヌを家に引き取り、養育係を引き受けた。同時に王妃の腹心として、毎日私的に会っていた。こうしたことが重なって、国王の馬車と食卓への扉が開かれた。国務卿の妻がかような特権を許されたことはそれまで一度もなかった。

サン・スイス（スイス一〇〇人隊）

Cent-suisses

サン・スイス連隊長クルタンヴォーは「大変な災難」に見舞われた。サン＝シモンによれば、「起こっていることを逐一知りたがり、報告書に限りなく興味をそそられた国王は、ヴェルサイユ総督ボンタン、そしてブルアンに、相当数のスイス兵を雇う許可を出した。スイス兵はすでにヴェルサイユの公園・庭園の出入り口、回廊、大居室、マルリーとトリアノンのサロンに配置されていた。国王のお仕着せを着た彼らは自治権を持っていて、ひそかに指令を受け、夕も夜も朝も、階段、廊下、通路、私室などあちこちを歩き回っていた。天気がいい日は、中庭や庭園を警備し、身を隠し、待ち伏せし、誰かに目をつけては後を追い、どこに行くのか、どこから出ていくのか、何者なのかを探り、あらゆることに聞き耳を立て、訪問先にどれくらい滞在していたかを記憶し、すべてを報告していた」

幾人もの部下や小姓も関わったこうした「術策」は、ヴェルサイユ、マルリー、トリアノン、フォンテーヌブローなど国王の行く先々で熱心に展開された。だがクルタンヴォーは腹の虫が治まらなかった。スイス兵がサン・スイス連隊長である自分に敬意を払わず、高額で売却できたはずの職務や報酬を奪ったからである。

彼は国務卿ルーヴォワの長男で、父から襲職権を与えられたが、父は彼に才覚のひとかけらもないのを見て、三男に襲職権を移した。長男には、縁戚のティラデからサン・スイ

スイス兵はひそかに警備の任務を担って、人々を監視したり盗聴したりしていた。

スの指揮権を購入して、その襲職権を与えた。ルーヴォワの叔母の息子に当たるティラデは「馬車馬のような」男で、国王の周りにスパイを配置したが、非常に「親切」だった。彼は、さかのぼること一六六五年に失脚したヴァルド侯爵からサン・スイス連隊長の職を購入した。ヴァルド侯爵は、ルイ一四世とラ・ヴァリエール夫人の関係を王妃に報告するという大失敗を犯したのだ。

宮廷はすぐに追放されたヴァルドのことを忘れた。セヴィニェ夫人は一六八三年五月二六日の書簡で、「実際、気にかける者はおりませんでした。彼は忘れられ、見せしめにされたのです」と書いている。だがあるとき、国王は「周囲を驚かせようと考え、実際誰もが仰天した」。誰かが彼を弁護したわけでもないのに、国王は唐突に、二、三日中にヴァルドが戻ってくると述べた。事実、ヴァルドは戻ってきた。「あの独特の顔つきと、一六六三年の人々が着ていたような、古くさい勅許状による細身のコート《ジュストコール・ア・ブルヴェ》を着て」

話を元に戻そう。クルタンヴォーは、自分を無視してヴェルサイユ総督の指令を受けてあちこちを嗅ぎ回るスイス兵に苛立ちを募らせ、あらゆる機会に乗じて、「横槍」を入れていた。

フォンテーヌブローには正方形の部屋があり、衛兵の間、マントノン夫人の居室、楕円形の中庭、その他さまざまな場所とつながっている。中庭を通らずに城内を移動するには不可欠な空間で、誰もが通るため、「行き来を見張るには最適」だった。この年まで、数人の近衛兵やサン・スイスがここで寝起きし、国王が通ると、銃や剣を持って直立した。クルタンヴォーは、前任者ヴァルド侯爵も同様に表敬されていたとして、同じ権利を要求したが、近衛兵はクルタンヴォーの命令権は彼が指揮するサン・スイスに限られると答えた。

一七〇五年、国王はこの重要な部屋に、ブルアン指揮下のスイス兵一二名を泊まらせることにした。クルタンヴォーは四分の一勤務の近衛隊長と話もしないうちから、スイス兵が先手を打ってきたと考えて腹を立て、叫び立て、脅し文句を吐いた。上からの命令を受けていたスイス兵は眉一つ動かさず、彼が「吠える」ままにした。

国王は夜になってこのことを知らされ、楕円形の大執務室にクルタンヴォーを呼び出した。王は夕食後、たいていこの執務室で家族や宮廷人数人と過ごしていた。クルタンヴォーが来ると、「部屋の奥にいた王は彼が近寄るのを許さず、部屋の端に立たせたまま話した。その口調はこれまで目にしたこともないほど激しい怒りに満ちていて、クルタンヴォーだけでなく、親王も内親王も貴婦人も、執務室にいた全員が震え上がった」

国王の威圧的な口調は隣の部屋にまで響いた。クルタンヴォーは「激しい恐怖で身動き一つできず、気絶するかと思われ」、一言も発せなかった。国王は「出ていくがよい！」と言って切り上げ、クルタンヴォーは気力を振り絞って執務室を後にした。普段はさほど気にかけない王族たちも心配になり、マントノン夫人を呼んだ。国王は落ち着きを取り戻したものの、次にへまをやらかしたら官職を取り上げると言い続けた。

なぜ国王は常軌を逸した怒りを爆発させたのだろう。彼は細心の注意を払ってスパイの存在を隠していたのに、クルタンヴォーが大騒ぎしたせいで、ひそかに実行しようとしていた配置換えに宮廷中の注目が集まってしまったからだ。

その後、クルタンヴォーは名誉挽回を果たせず、「家族もいないまま、官職も失ってしまった」

Chapeau

帽子

一六〇三年のことだったか、あるいは一六〇四年だったか、フランス国王アンリ四世は着任したばかりのスペイン大使をパリのモンソー公園に招いた。大使はスペインのグランデ〔37頁参照〕だった。

彼は公園で国王にならって帽子をかぶり直した。アンリ四世は自尊心を傷つけられ、周囲を見回して、たまたま近くを散歩していたもっとも身分の高い大公殿《ムッシュー・ル・プランス》ことコン

デ公とマイエンヌ、エペルノン公爵に、同じようにせよと命じた。

以降、マイエンヌは大使たちの謁見で帽子をかぶったままでいる権利を得た。当然、コンデ公も同様である。幸運なエペルノン公爵と彼の子や孫たちも、外国王族同様、薄い被りものをかぶる権利（謁見での帽子着用は外国王族だけに許されていた）を与えられた。

さらに、もっとも身分の高い大公や枢機卿や、コンデ公以外の親王も帽子をかぶるようになった。こうして偶然の出来事から、「帽子《シャポー》」と呼ばれる特権が生まれたが、大使の謁見以外には決して適用されなかった。

あらゆる点でロレーヌ家を真似ていたサヴォワ家も、大使の謁見中帽子をかぶったままでいる特権を手にしていたが、ある日、サヴォワ公爵は同席していた国務卿ルーヴォワにうっかり帽子をかぶらせた。コンデ公は驚き、「こうなっては、フランス貴族は全員同じことを要求するだろう」と述べた。この件を記録したのは、駐フランスサヴォワ大使サン＝モーリスである。

サン＝シモンによれば、この帽子の特権をめぐって一度だけ例外的な出来事が起きた。かの「国王のタペストリーの虚構事件」だ。かつてフランスとコルシカはバチカン衛兵の件をめぐって争っていたが、一六六二年に決着し、教皇の甥に当たるキージ枢機卿が教皇特使として太陽王のもとに派遣された。特別謁見には大物貴族らも同席した。公爵らは帽子をかぶったままでいることを要求したが、外国王族の特権を重視する母后は、今回の謁見ではキージ枢機卿以外全員帽子を脱ぐことと定めた（本来帽子をかぶる権利は外国王族に限られていた）。ソワソン伯爵とアルクール伯爵は特使の付き添いに指名されていたが、帽子をかぶれないのなら欠席したいと申し出た。しかし申し出は却下され、二人は帽子をかぶらないまま、謁見の間中キージ枢機卿に付き添った。

何年も経った一六九八年のある朝、サン＝シモンは国王のご機嫌伺いにムドンへ行き、控えの間で待っていた。マダムの間と呼ばれるこの部屋には、例の謁見の様子を題材にしたタペストリーがかけられていた。どの顔も自然な表情で、各人物を見分けられるが、ソワソンとアルクールは帽子をかぶった姿で描かれていた。

サン＝シモンは気を悪くして、公爵たちに会いに行き、全員で儀典長に抗議した。彼らは記録を確認したが、ソワソンとアルクールの帽子については一切言及されていなかった。「かような重大事の例外なら、記録されてしかるべきであろう」。名誉を傷つけられた儀典長は、記録の余白にタペストリーの誤りを記入し、署名した。翌日、関係者はタペストリーの虚構と記録の欠如、余白に加えられた修正を明記した証明書を受け取った。

マルリーで国王が散歩をする間、宮廷人たちは帽子をかぶったままだ。これは宮廷人たちが風邪を引かぬようにとの国王の配慮から来ている。一七〇〇年一一月二六日、ルイ一四世はスペイン王のお付きの者たちに、「余の前で決して帽子はかぶるものではない。だが余について散歩する者が風邪を引くのは心外である」と述べた。感激したベドマル侯爵は、「おお、陛下。我が国王にもそのお言葉をお聞かせしたいものです」と口にしたが、スペイン王はかなり離れたところにいた。

一七〇五年、国王の義妹エリザベート・シャルロット・ド・バヴィエールは、「ブルゴーニュ公爵夫人は、あるご婦人に腕を貸され、ほかの者たちは横を歩いていた。こうなっては誰が誰なのかわからない」と秩序の乱れに不平を漏らした。

シュミーズ
Chemise

就寝前、国王、王妃、国王の子たちにシュミーズと呼ばれる長衣が渡される。渡すのはその場にいるもっとも身分の高い者だが、シュミーズを渡される者と同格か格上の場合は除外される。この場面でのみ、王太子と王太子妃は、国王の子たちより格上と考えられていた。同じルールは、王族の食卓でナプキンを渡す際にも適用された。

つまりシュミーズを渡すことは、名誉であり、格下の印でもあるのだ。

バラフレと呼ばれたフロンドの乱の英雄〔バラフレは「切り傷を負った」の意。ユグノー戦争で頬に重傷を負ったことからつけられたあだ名〕の末裔、ギーズ公は次男だったがひどく自尊心が高かったため、親王を真似て、起床時にその場にいるもっとも格上の者にシュミーズを渡させていた。「八人か一〇人ほどの愚か者が彼にシュミーズを渡していた」との記述がある。だがある日、ギーズ公のシュミーズを渡されたレッツ枢機卿は、これを暖めるふりをして暖炉の中に落とし、帽子をかぶってその場を去った。一方、公爵殿《ムッシュー・ル・デュック》ことコンデ公長男ルイ三世は、王弟《ムッシュー》にシュミーズを渡す栄誉をあえて引き受けないのを自慢にしていた。だがある朝、マルリーの庭で王弟《ムッシュー》は公を見かけ、フランス窓を開いて彼を呼んだ。彼は話しながら公を部屋に入れ、突然シュミーズを脱いだ。その瞬間首席近侍が公にシュミーズを渡し首席侍従が儀式を続けるようにと身振りで伝えた。さすがの公も逆らうわけにはいかずにシュミーズを渡し、王弟《ムッシュー》はシュミーズを受け取るや、「我が従兄弟よ」と笑い出した。

ある夜、小就寝の儀でルイ一四世はテュレンヌを呼び、そちは余に対する敬意に欠けると強く叱責した。襲職権により侍従頭を務めていたテュレンヌ(父ブイヨンから相続した)は、朝の儀式でシュミーズを王に渡すのに、億劫がって手袋を外さなかったため、縁飾りが王の鼻に当たってしまったのだ。彼は「この叱責を真摯に受け止めようとせず」、結局は追放された。

シュミーズに関する儀礼はルイ一六世を苛立たせた。「相手が親しい者の場合には、国王はよくふざけて相手をかわして横をすり抜け、後を追わせた。こうした愉快な悪ふざけをしては大笑いしていたが、儀式をこの上なく大切にする者は心を痛めた」

マリー・アントワネットの着付けの儀式は「宮廷作法《エチケット》の集大成」だったが、首席侍女カンパン夫人によれば、いつも安穏というわけではなかったようだ。「ある冬の日、王妃はすでにすっかり服を脱がれていて、シュミーズを渡されるところだった。私はシュミーズを広げて持っていたが、首席女官が入室し、急いで手袋を外してシュミーズを取った。そこで扉を引掻く音がして開けてみると、オルレアン公爵夫人(国王の従兄弟でのちの平等公フィリップの妻)だった。夫人は手袋を外して、シュミーズを取ろうと前に進み出た」

だが内親王にシュミーズを渡すことができるのは侍女だけなので、首席女官は公爵夫人にシュミーズを直接渡せない。そのため首席女官はいったんカンパン夫人に渡し、カンパン夫人が公爵夫人に渡した。

「再び扉を引掻く音がした。プロヴァンス伯爵夫人だった」。伯爵夫人は国王の義妹だ。「オルレアン公爵夫人は伯爵夫人にシュミーズを渡した。王妃は胸の前で腕を交差されて、寒そうにしておられた。夫人は王妃が困っておられる様子を見て、ハンカチを投げただけで手袋をしたままシュミーズを王妃に渡し、王妃の髪を梳いた。王妃は苛立ちを隠そうとお笑いになった」

Chirurgien du Roi
国王付き外科医

フェリックスことシャルル・フランソワ・フェリックス・ド・タッシーは国王付き筆頭外科医で、父からこの職を受け継いだ。一七〇二年、彼は風変わりな体験をした。

コワラン公爵アルマンは「とても小柄で表情に乏しく」「人をたじろがせるくらい慇懃」な人物だ。かつて戦でライン地方の伯爵を捕虜にしたときには、自分のテントに招き、寝台を譲ろうとしたほどだ。伯爵は拒否したが、妥協してマットレスだけ使うことにした。それでも公爵はなかなか承知しようとせず、結局二人とも床に敷いたマットレスに寝ることにした。

その後伯爵は解放され、パリに寄った際には公爵のもとを訪ねた。別れの時間が来ると、仰々しい挨拶が交わされ、伯爵を辟易させた。部屋を出た彼は、扉をしっかりと閉じた。公爵の居室から数歩下ると地上に出る。公爵は窓を開けて中庭に飛び降り、馬車の乗り

口で伯爵を待った。仰天した伯爵は、公爵が悪魔に連れてこられたのかと思ったという。だが公爵はうっかり親指を脱臼してしまい、国王付き筆頭外科医のフェリックスが登場となった次第だ。

数日後、フェリックスが再診したところ、指はすっかり治っていた。公爵は退出するフェリックスのために扉を開けようとした。公爵に扉を開けてもらうなど前代未聞で、すっかり戸惑ったフェリックスは遠慮したが、お互いに譲らず二人して扉を開けた。しかし突然、公爵が手を引っ込めた。親指が再び脱臼したのだ。フェリックスはまた元に戻さねばならなかった。

一六八六年一一月一八日、ルイ一四世は痔瘻の手術を受けた。国王は一日も欠かさず「とても落ち着いて陽気」な様子でヴェルサイユの庭園を散歩していたので、恐ろしい大手術を控えているなどとは誰も考えもしなかった。だが実際には、手術はその六週間前から決まっていて、マントノン夫人、国務卿ルーヴォワ、聴罪司祭ラ・シェーズ、筆頭主治医ファゴン、そして執刀医である筆頭外科医フェリックスしか知らなかった。国王はラ・ロシュフコーには一言だけ、簡単に知らせた。ラ・ロシュフコーの父はフロンドの乱を指揮したが、本人は忠実な宮廷人だ。

フェリックスの報告によれば、彼は新しいメスを開発したとのことで、すでに二体の遺体で実験し、切開数を減らすことに成功したそうだ。手術中国王は無言で、終了するや王太子に使者を送った。王太子は狩りの最中だったが、「泣きながら全速力で」戻ってきた。国王は王太子妃にも起床次第知らせるようにと言い付け、パリにいる弟夫妻や大公殿《ムッシュー・ル・プランス》にも連絡するよう命じた。マントノン夫人は国王の枕元から離れなかった。かつての寵姫モンテスパン夫人が、「長いこと君臨していた時代に身についた尊大な態度で」部屋の入口までやってきたが、扉番に止められ、「ひどく落胆して」居室に戻っていった。意地の悪い宮廷人たちは、夫人はずいぶんといまいましく思ったに違いないと噂し合った。

手術の報せはあっという間にパリに届いた。人々は足を止め、しがない職人でさえも「国王が大手術を受けた」と口々に語った。ショワジー神父はある駕籠の運び人が涙ながらに、「国王は哀れに二〇度もメスを入れられたけれども、うんともすんとも言わなかった」と話しているのを耳にした。

フェリックスは賞賛の的となり、二か月前からパリの病院で執刀していたことが明らかになった。人々は彼が市井の外科医として貧者を手術していたことに驚き、医師の卵たちは彼にならって経験を重ねた。国王重体説が流れ、人々は教会に押し寄せ、町は動揺に包まれた。同じ病気に悩む数人の宮廷人も、国王との話題作りのため手術を受けた。忠実なダンジョー侯爵も一六八七年二月二四日に、痔瘻の手術を受けて「死にそうな目に遭った」

ラ・ファール侯爵によれば、手術後「国王の命を危ぶんだ」野心家たちは、王太子（グラン・ドーファン）のご機嫌を取ろうと我先に大挙した。国王が二度目の手術を受けたときには、「王太子殿下をめぐる陰謀」が相次いだ。このとき王は「炭疽」を発症して、「最初の手術よりも過酷で危険」な状態に陥った。

王太子の心痛を紛らわせようと、アネット城で祝宴が開かれた。ラ・ファール侯爵、ショーリュー神父、マルタ騎士団副総長ヴァンドームの三人は、トゥールーズ出身で「ヴァンドーム氏お抱えの」詩人カンピストロンの詩に、友人で宮廷楽長のリュリの音楽をつけてオペラを上演した。オペラには一〇万リーヴル以上かかった（しかも、ヴァンドームにはそれだけの金はなかった）。ラ・ファール侯爵は、「我々はそれぞれオペラ座に愛人がいたので、自分や愛人がいい思いをするために我々がヴァンドーム氏に一〇万フラン払わせたのだと言う輩もいたが、実際には我々はもっと大局的にものを見ていた。しかし予想もしなかった結果になった」と述べている。

国王は何としても、重体などではないと知らしめようと、早くも手術当日の午後には閣議を開き、翌日には大使と謁見し、ベッドにいながら公衆の面前での食事を欠かさなかった。二度目の手術の時には、「進み具合はどうだ？　手術を遂行せよ。余を国王として扱ってはならぬ。余は農民のごとく回復したいのだ」と命じた。

二年後、フェリックスは衣装部首席近侍に任命された。劇作家ラシーヌや詩人ボワローの友人だったフェリックスは、ヴェルサイユの敷地内、大運河の先に小さな家を与えられ、これを「ずいぶんと立派に修繕して」、死ぬまで住んだ。その後国王はこの家をグラモン伯爵夫人に与えた。アイルランド出身の夫人は金髪で美しく、尊大で、マントノン夫人と対立していた。この家は流行の場となり、多くの人が通った。

Clercs de chapelle

礼拝堂付き聖職者

ミサで国王の礼拝堂付き聖職者に奉仕される権利は国王の男孫だけに限られていた。聖職者はミサ答え〔司祭の捧げる祈りに応答すること〕をし、聖歌「サンクトゥス」から「ドミネ・ノン・スム・ディグヌス」までが斉唱される間、大蠟燭を持っていた。

内親王にはこうした特権は許されておらず、小姓がミサ答えをしていた。

ミサで国王の礼拝堂付き聖職者に奉仕される権利は国王の男孫だけに限られていた。聖職者はミサ答えをし、大蝋燭を持っていた。内親王にはこうした特権は許されておらず、小姓がミサ答えをしていた。

Clochette
鈴

王太子（グラン・ドーファン）が狼狩りをしている間、貴婦人たちは給仕係抜きの身内だけの「鈴の食事」ができる。小ぶりなテーブルにグラス、皿、水、ワイン、召使を呼ぶための鈴が置かれ、食事は大きなテーブルにセットされる。

食事が終わると、鈴を鳴らして召使を呼び食器を下げさせていた。

Cordon bleu
青綬佩用者《コルドンブルー》

一七五九年一月一日、クロイ公爵に青綬勲章が授与されることが発表された。

勲章管理係官は公爵の貴族階級の証明と素行を確認し、仕立屋が「きわめて端麗で奇妙な」新佩用《はいよう》者の衣装を届けた。これはルイ一三世宮廷およびスペイン宮廷の祝宴用の衣装だ。二月一日、リハーサルが行われ、二日には「この複雑な衣装を着用するのに、朝早く起きねばならなかった」。国王が教会参事会室でサン＝ミシェルの抱擁儀礼〔相手を抱擁してから、剣の平で首筋を打っ儀式〕を短時間で挙げると、礼拝堂に向かう行進が始まった。行進は大庭園を通って一周する。めったにない行事だが、「好天に恵まれた」

一同が礼拝堂に入ると、国王は王座につき、新参者は深々とお辞儀をしてひざまずき、青綬と頸飾《けいしょく》を受ける。国王は「多大なる厚意」をもって、マントの上から大ぶりな頸飾を合わせるよう説明してやるが、これがなかなか難しい。

新参者は最後に再び深々とお辞儀をしてから部屋に戻り、「この豪奢な、しかし一度しか袖を通さない服」を脱ぐ。

王妃のワイン調達係
Coureur de la Reine

王妃のワイン調達係は四人いて、馬に乗って王妃が移動する先々に従っていた。旅行中に王妃が空腹を覚えた場合に備えて、カバンにはパン、ワイン一本、食べ物少々が入っていた。

一七八四年一月一日、マリー・アントワネットは、ワイン調達係の官職が「当人死去のため空席」であり、シャルル・ペルティエの「熱意と勤勉な仕事ぶり」を鑑みて彼をこの職に任命し、「ここから収益を得ると共に、栄誉、権限、特典、特権、免除、自由、報酬、給料、権利、利益、利潤、収入、習慣によりもたらされる恩恵を受けることができる」との勅許状に署名した。

帽子と椅子
Couvert et assis

ロクロワの戦いでの活躍が功を奏し、公爵殿《ムッシュー・ル・デュック》ことのちのコンデ公〔ルイ二世〕は宮廷で「大きな権力」を手にした。

ある日コンピエーニュで、彼がマザランの部屋に行こうと書斎を通りかかると、幼いルイ一四世が勉強中だった。王は立ち上がって彼を迎え、暖炉のそばでしばらく話をした。首席近侍ラ・ポルトは慌てて家庭教師に近づいて、国王に帽子をかぶるよう伝えていただきたいとささやいたが、家庭教師は何も言わなかった。そこでラ・ポルトは国王に近づき、小声で、帽子をかぶるようにと伝えた。公爵殿《ムッシュー・ル・デュック》も間髪入れずに、「陛下、ラ・ポルトの言う通りでございます。陛下は帽子をかぶらねばなりませぬ。私どもはご挨拶を受けるだけで光栄なのでございます」と述べた〔作法では国王は帽子をかぶり、その他の者全員は帽子を脱ぐ〕。

後日、公爵殿《ムッシュー・ル・デュック》はラ・ポルトに「愚か者に従うのは愉快ではありませぬから〔国王が愚か者に成長しなければいいが〕」と言って、直々に国王の成長具合を聞いた。

当時、幼王はゲームで遊ぶたびに小姓の役を演じた。それに気づいたラ・ポルトは、国王の肘掛椅子に座り帽子をかぶった。幼王は腹を立てて母に訴え、母はラ・ポルトを呼んで、なぜ息子がいる前で肘掛椅子に座り帽子をかぶったのかと聞いた。首席近侍ラ・ポルトは、陛下は従僕の仕事を奪って楽しんでいらっしゃるのですから、私も陛下の役を演じれば、役割を交換することになり、損はありますまいと答えた。彼はこの種の娯楽は、国王にとって危険だと考えていたのだ。王妃は微笑んで、厳しく息子を罰した。

日記をつけていたダンジョーは、帽子に関するイングランドの宮廷作法《エチケット》の緩さに驚いた。一六八五年三月二九日付の日記には、イングランド国王ジェームズ二世に迎えられたロルジュ大元帥は、「帽子をかぶったまま座っていた」と書かれている。ジェームズ二世の兄、亡王チャールズ二世はフランス王やその他の君主の大使を迎えるときにも、仰々しい作法抜きで、厚かましい態度は見せなかった（彼は「いつでもどこででも、特に愛妾たちの居室で、準備もなしに」大使たちに引見していたと言われる）。逆に、ヴォーデモン公（当時屈指の美男で、狡猾で、ロレーヌ公の「正真正銘の非嫡出子」だったが、父からは嫡出子として認知されていた〔彼の父は前妻との結婚の無効を教会に認められないまま、彼の母と結婚した〕）などは大使としてイングランドに派遣された際、スペインのグランデ同様、自分も謁見で帽子をかぶったままでいることを明文化するよう要求した。

イングランド王はこのことを伝えに来た者たちに向かって、「彼が帽子をかぶったままでいたいなら、そうするがよい。余は帽子をかぶらぬ。帽子をかぶる習慣などとうに忘れてしまったのだから、今更かぶるのも厄介だ」と答えた。

D

Dais

天蓋

マントヴァ公爵はお忍びでパリにやってきた。彼を迎えるため、衣装部の召使たちはリュクサンブール宮殿の公爵の控えの間に天蓋を設置した。大使先導官ブルトゥイユは、このことを知らされるやすぐに駆けつけ、天蓋を外させようとした。家具保管部長官も同意見だったが、ヴェルサイユ宮殿の家具保管部は、これは国王のご意向なのですと言い張った。

ブルトゥイユは国王のもとを訪ね、リュクサンブール宮殿に馬車で入ることができるのは官職保有者だけであることを鑑みれば、宮殿は王家の住まいと見なされる、果たして王家の住まいで天蓋をつける特権は国王の男孫だけに限られており、マントヴァ公爵の地位にはふさわしくないと説明した。公爵はお忍びで訪問中だったからなおさらだ。

これを聞いた国王は天蓋を外させた。

立ったまま座る貴婦人

Dames assises debout

日頃から親王たちは、国王とその子たちの前で立ったままでいなければならないことに屈辱感を覚えていた。彼らは正餐に同席したり、王太子と彼の子たちの馬車に同乗したり、場合によっては着席したりすることはできたものの、そうした権利が明確に定義されることはなかった。

ルイ一五世時代に宰相を務め、国王とマリー・レクザンスカの縁談をまとめた公爵殿《ムッシュー・ル・デュック》ことコンデ公ルイ一四世アンリは、国王の結婚式の間座っていた。つまり儀式が終われば、事実上王妃の前で座っていることになる。こうして彼は折り畳み式床几《タブレ》の権利を手に入れた。大使たちもすぐさま、自分たちは親王の右に立つ権利があるのだから、同様の特権を認められていいはずだと主張した。

交渉が始まったものの、暗礁に乗り上げた。大使たちは王妃の前で親王が座るのを目にしたら、すぐに自分たちも折り畳み式床几《タブレ》に座ると宣言した。親王たちは譲歩と引き換えに、自分たちの前では、着席権のある貴婦人たちも立ったままでいることという条件を課した。これはルイ一四世が決して認めなかった条件だ。その上彼らは、せめて王太子夫妻の前では座ったままでいたいと言い出した。一七四三年六月、シャロレ伯爵はこの件について王家の子女の養育係と話し合い、養育係はそうした前例は目にしたことはないが、判断を下すのは国王だと述べた。協調性に富んだルイ一五世は要求を拒否せず、一七四五年二月の王太子の婚姻の際に、親王たちはこの権利を獲得した。

王妃の独身の着付け係

Dames d'atours filles

王妃の着付け係は「独身女性」であってもマダムと呼ばれていた。その背景には次のような事情がある。

ルイ一三世はオートフォール嬢に「ぞっこん」だった。いつも彼女と話をし、サン＝シモンの父にも彼女のことばかりを話していた。若く色恋に通じたサン＝シモンの父は、国王は隠しきれないほど恋していながらなぜ行動に移さないのかと不思議だった。そこで国王に、思いを遂げさせて差し上げましょうと仲介役を申し出た。

すると国王は厳しい表情を浮かべ、「確かに彼女に恋しているし、自分でもそのことをわかっている。彼女を求め、彼女のことばかりを話し、思いは募る一方だ。しかもそうしたことすべては、自らの意思に反して起こる。なぜかと言えば余は人間であり、かように弱いからだ。だが国王という地位ゆえに、そして思いを遂げるのが容易になればなるほど、余は罪と醜聞に用心せねばならない。今回はそちの若さゆえに大目に見てやろう。けれども今後も余から目をかけてもらいたくば、そのような言動は心して慎め」と言い渡した。サン＝シモンの父は国王の「純粋かつ圧倒的」な徳の高さを目の当たりにして、雷に打たれたような衝撃を受けた。

宮廷人たちはオートフォール嬢について、「かわいい娘、あなたは何も手に入れられない、国王は聖人なのだから」と揶揄した。一六三〇年、ルイ一三世は王妃アンヌ・ドートリッシュのお付きの女性だったオートフォール嬢を首席女官に任命し、「この任命を機に、彼女のことを『マダム・ド・オートフォール』と呼ぶことと定めた。以降、着付け係の未婚女性たちは、『マダム』と呼ばれるようになったのである」

Dame de compagnie en second
お付きの女性

身分から言えば、お付きの女性の身分は首席女官の下、女官の上に位置する。だが一度だけ、首席女官が目下のお付きの女性に「敬意を表さねば」ならなかったことがある。ロシュフォール大元帥夫人は美しく、その上辛辣だった。彼女は閣僚ル・テリエとルーヴォワの後ろ盾を得て（二人は親子で、ロシュフォール大元帥と親しかった）、王妃付きの官職に就いた。ルーヴォワは「彼女を好ましく思い」、彼女は「彼との親密な関係にずいぶんと満足し、おかげで幅を利かせた」

ルイ一四世は次々と愛人を作ったが、そのたびにロシュフォール夫人は彼女たちの親友になった。ラ・ヴァリエール、モンテスパン、マントノン夫人らと親しくなり、特にモンテスパン夫人を通して知り合ったマントノン夫人とは、彼女の影響力が強まるにつれ、友情も深まっていった。

モンテスパン夫人の権勢が頂点に達した頃、国王はスービーズ夫人アンヌに恋をした。協力者であるロシュフォール夫人は彼女を自分のサロンで待たせておき、そこに国王の首席近侍ボンタンが迎えに来て彼女を王の部屋に案内していた。ある日、ボンタンが迎えに来ると、折悪しく宮廷人たちがロシュフォール夫人のサロンにいた。秘密を守らねば、モンテスパン夫人に騒ぎ立てられてしまう。ロシュフォール夫人は、時間に厳しい国王を待たせると考えただけで身が縮まる思いをしながら時間が過ぎるのを待った。一方、スービーズ夫人は自分の価値を吊り上げようと、夫フランソワはさも恐ろしい人なのだと誇張した

ロシュフォール大元帥夫人は美しく、辛辣で、国王の女友達の友人だった。国王は恥ずかしげもなく堂々と愛人を王太子妃の「お付きの女性」に任命した。

が、実際には好人物で、妻と国王の情事のおかげで大公の地位を与えられた。

国王はスービーズ夫人がやってくるときにはつねに扉を開け放しにしていたため（ほかの女性と引見するときには閉じていた）、結局はロシュフォール夫人とスービーズ夫人の行動は全宮廷に知れ渡った。しかも国王が臆面もなくスービーズ夫人を王太子妃のお付きの女性に任命したため、宮廷は騒然とした。

だが国王とて、いきなり彼女を任命することははばかられたので、まずロシュフォール夫人を任命し、スービーズ夫人をその下につけた。ロシュフォール夫人なら「自分のお気に入りの女性にしかるべき礼を尽くすだろう」と計算したのだ。

Dame du lit de la Reine
王妃の寝台の女官

マリー・ド・フレノワは伝説的な美女で、いくつになっても変わらなかった。国務卿ルーヴォワは首席秘書官を務める彼女の夫を重用し、夫人のために王妃の寝台の女官という官職を創設した。しかし宮廷人が敵意と怒りをむき出しにしたので、王妃付き女官には任命できず、本人も王妃の侍女にはなりたくないと言い出したため、王妃の寝台の女官職は一代で廃止された。

De France
「フランスの」

「フランスの」と名乗れるのは国王の息子と娘だけで、彼らは「フランスの子」と呼ばれていた。ルイ一四世はこの呼称を長男の子たちにまで広げ、王太子（グラン・ドーファン）に子どもが生まれたときには青綬《コルドンブルー》と国王親封〔国王から長子以外の親王に与えられる封土〕が授けられ、王太子の長男の子たちにも与えられた。

フランスの息子たち、すなわち王の息子たちは生まれたときから、「ムッシュー・ブルゴーニュ公爵」といった具合に、「ムッシュー」と国王から授けられる領地名の組み合わせで呼ばれていた。娘たちは「マダム」と夫の領地名の組み合わせで呼ばれる（たとえばマダム・ベリー公爵夫人）。マダムを省略して「ベリー公爵夫人」とだけ呼ぶのは不適切とされていた。

国王の子だけが、「フランスの息子（あるいは娘）」と呼ばれていた。しかしルイ一四世はこうした呼び方を、王太子の子たちと、王太子の長男の子たちにまで広げた。

Desservir
後片付け

大膳の官職の中でもっとも実入りがいい職と言えばセルドーだ。セルドーには王族の食卓の残り物を回収する権利がある。王族の食事後、給仕係の侍従たちがほぼ手がつけられなかった食事を下げるが、セルドーはこれを売ることが許されていたため、売買可能なこの官職は高額で取引された。セルドーの職が広く知られるようになったきっかけの一つが、ルイ一四世を激怒させたある事件だ。「国王は誰にでも公平で、どのようなことが起ころうとささいな振る舞いの一つ一つに至るまで抑制しているが、ある特別な出来事のために我を忘れたことがあった」とサン＝シモンは回想している。

一六九五年のことだ。ルイ一四世はマルリーで宮廷人たちが見守る中、貴婦人たちとの食事を終えたが、一人のセルドーが「フルーツ」（ここでは果物、ペイストリー、糖菓を指す）を下げながら、ビスケットをポケットに入れるのを目にした。その瞬間、国王は威厳をかなぐり捨てて、手渡されたステッキと帽子を取り、「無防備な」小姓のもとに突進して打擲し、罵った。あまりの勢いにステッキは折れた（「実際のところ、ステッキはアシでできていて、頑丈ではなかった」そうだ）。

国王は自制心を失ったかのように、折れたステッキを手に小姓が見えなくなっても罵倒し続け、サロンを通り抜けてマントノン夫人の部屋に入っていった。一時間近くして部屋から出てくると、聴罪司祭ラ・シェーズのところへ行き、はっきりとした声で「私は不届き者を打ちのめし、ステッキは彼の背中に当たって壊れてしまいました。けれどもそれで神に背いたとは思いません」と語った。イエズス会士ラ・シェーズは触らぬ神に祟りなしとばかりに、口の中でもごもごと同意するふりをした。一同はまだ騒然とし、側近たちは小姓が悪いと「騒いだ」。何が怖いかと言って、誰も怒りの原因がわからなかったことだ。だが徐々に、どうやらラ・ヴィエンヌの言ったことが原因らしいとの噂が広がった。

フランソワ・カンタン・ド・ラ・ヴィエンヌはパリで浴場施設を経営し、大成功を収め

メーヌ公爵は戦場で弱腰だった。国王はひどく苛立ち、その怒りを小姓に向けた。

た〔65頁参照〕。国王が浮名を流していた頃、彼は怪しげな薬を手配し、おかげで国王から目をかけられ、四分の一勤務の首席近侍に任命された。粗野だが率直で正直者だったので、国王はほかの者に話すのははばかられるような事柄について知りたいときに彼を頼った。

当時（一六九五年）は大同盟戦争の真っ最中で、リュクサンブール大元帥が他界し、国王は軍の指揮を親王ではなくヴィルロワ大元帥に任せた。彼とならば、非嫡出子メーヌ公爵(国王とモンテスパン夫人の子)も「やりやすいだろう」と考えたためだ。ヴィルロワはメーヌ公を戦闘に参加させ、メーヌ公は晴れがましく王座に一歩近づけるはずだった。

だが片足を引きずり、ひょろひょろとして、戦闘よりも読書を好むメーヌ公はいざ突撃となると、「行動を起こしたくて武者震いする」兵士を横に、「状況確認をして、罪の告白をし、それから左右部隊の戦闘態勢を整える始末だった」。最古参の指揮官はヴィルロワから繰り返し送られてくる命令をメーヌ公に伝え、勝利は容易かつ確実で、ネーデルラント奪取の栄光が目の前に横たわっていると進言したが、「公は涙を抑えきれなかった」。結局メーヌ公は何一つせず、敵軍は退却した。

ヴィルロワはメーヌ公の弱腰を国王に報告できないでいたが、国王は皆が口をつぐんでいるのを目にして、もっと悪い事態を想像した。真実を告げることのできる人物はラ・ヴィエンヌをおいてほかにない。国王からだしぬけに聞かれて不意を突かれたラ・ヴィエンヌは、真実を話した。

国王の苦悩は「筆舌に尽くせず」、この「可愛い息子」にしてやった数々のことは無駄骨だったと落胆した。政敵、外国人、新聞は何と嘲笑するだろう。こうしてその夜、彼の怒りは小姓に向けられたのだ。八月四日、ナミュールの町が陥落した。サン＝シモンの回想録の読者にとって、この敗北はセルドーのビスケットにまつわる「苦いフルーツ」なのだ。

Deuil de maillots

乳飲み子の喪

国王夫妻の子や王弟《ムッシュー》夫妻の子が他界しても、七歳以下の場合は喪に服さなかった。だが、国王は非嫡出子への配慮から、メーヌ公爵の「乳飲み子」が没したときには、宮廷を喪に服させた。

服喪の際、国王は親王の筆頭であるコンデ家には王室衣装部最高責任者を、コンティ公などそれ以外の親王には侍従を送って弔意を伝えるのが習わしだったが、コンティ公の息子が他界したときには王室衣装部最高責任者を送った。メーヌ公の非嫡出子の喪に服した後では、それ以外に選択肢がなかったのだ。

王の子でも、七歳にならぬうちに世を去れば、喪に服されなかった。

Deuil de la Reine

王妃の喪

ルイ一四世妃マリー・テレーズ・ドートリッシュの葬儀前夜、国王の愛人で、王妃付き首席女官だったモンテスパン夫人は、女官たちに公爵夫人や王家の女性をしのぐ優先権が与えられるよう要求した。国王はこれを拒否し、特権保有者の女性たちは身分に関係なく、到着順に座ることと定めた。リルボンヌ公妃は優先権を与えられなかったため、部屋を後にした。
クレキ公爵とジェーヴル公爵は、どちらが国王のもとで喪に服すかで言い争いになった。クレキは通年で侍従職に就いているが、ジェーヴルはその前年に侍従を務めた。王妃が亡くなったのはその年で、喪の手配をしたのはジェーヴルだ。誰が喪に服すかの判断はほかの侍従たちに任された。彼らは、二人が共同で喪に服すべきだが、今後喪が翌年に明ける場合は、葬儀を手配した侍従が単独で喪に服すべきとの結論に達した。

Devant le carrosse

馬車の前

肥満王ことルイ六世の末裔、クルトネー家はすっかり落ちぶれていたが、執拗に親王を名乗り続け、一歩も譲ろうとしなかった。マザランはこれを正当な権利として認め、姪の一人をクルトネー家の者と結婚させようとした。けれども相手が断りもなしに自分の馬車の前に横入りしたのを見て考えを変え、一族への支持を取り下げた。

Donner la main
手を差し出す《ドネ・ラ・マン》

「手を差し出す《ドネ・ラ・マン》」とは、扉を通る際に優先権を譲る（扉を譲る《ドネ・ラ・ポルト》とも言う）、相手に右側〔上座〕を譲る、相手を外階段の下のところまで送っていくことを意味する。

同格の貴族の間では、訪問を受ける側が客に右側を譲っていた。すなわち「手を差し出す《ドネ・ラ・マン》」である。フランスの公爵たちは自分たちは、統治権を持たない外国の君主と同等だと考えていた。シュヴルーズ公爵がドイツを訪問したとき、プファルツ選帝侯は「手を差し出し」たくないがために仮病を装い、ベッドについたまま訪問を受け、公爵に夕食を振る舞った。

外国王族（統治権を持たない君主のフランス系の分家。サン＝シモンは、「フランスにおける彼らの地位は徐々に確立した」と記している）は、旅先では「手」を要求しなければならなかった。ロアン＝シャボ公爵は一七、八歳で旅行した際、外務大臣リオンヌから、「手の件は別として」サヴォワ王と同等に振る舞うことと記された「署名入りの」指示を受け取った。ただし、ドイツやイタリアの君主たちには手を要求しなければならぬ。また、プファルツ選帝侯が難しいことを言ってきたら会わぬこと、とも書かれていた。

こうした話は公爵に限らない。軍を指揮する大元帥も昔から、選帝侯やその他すべての統治者たちと完全に対等に渡り合ってきたが、バイエルン選帝侯を王族扱いするというヴィルロワ大元帥の過誤は、深刻な結果を招いた。選帝侯はこの誤解を根拠に、お忍びで行動していたにもかかわらず、王太子（グラン・ドーファン）に対し「手」を要求した。結果的に両者はムドンの庭園で会うことになり、選帝侯は城には一歩も足を踏み入れられなかった。馬車に乗るにも、二人が同時に両側から乗ったほどだ。

ヴェルサイユ郊外ポワシーにある女子修道院の院長ショルヌ夫人は、「あらゆる院長の中でももっともうぬぼれて無作法」で、パリの北に位置するモービュイッソン女子修道院

「手を差し出す《ドネ・ラ・マン》」とは優先権を譲ること。優先権を譲られなかったサヴォワ公爵は、復讐に出た。

を訪れた際には、自分に優先権があることを確約するようにと要求した。モービュイッソン女子修道院長はプファルツ選帝侯の娘で、イングランド王ジェームズ一世の孫娘だったが、微笑みながらもきっぱりと、「ポワシーの奥方に、その点はご心配なくとお伝えください。私は修道女となったときから、十字を切るとき以外は右手だの左手だのの区別はいたしておりませんから」と答えた。

尊大な教皇大使たちは大臣たちにはおとなしく「手を差し出して」いたのに、公爵や外国王族には拒否していた。そのため後者は決して彼らを自宅に迎えようとせず、「一七〇〇年にグアルティエーロが教皇大使に就任してようやく、この主張が撤回された」

サヴォワ公爵はスペイン王フェリペ五世と会見したときには、「手」はあきらめたが、肘掛椅子に座る権利は要求した。しかしこれも却下されて腹を立てた。それでも礼儀正しく節度ある態度を崩さなかったが、退出するときに、さも申し訳なさそうに、前年ほどの規模の部隊は派遣できないと告げた。

リール包囲戦で降伏を余儀なくされた指揮官ブーフレールは、包囲側のプリンツ・オイゲンから恭しく迎えられた。ブーフレールも彼に従って食卓に着いたフランス軍の士官全員も、「手」と扉の優先権を譲られた。

足用の敷物

Drap de pied

教会で、フランス国王の息子と男孫は、国王の横の位置を許され、足用の敷物を使うことができた。これは祈禱台の上に置かれた一枚の布だ。フランス国王の息子の横でひざまずくことができるのは実子たちだけで、親王の近くには高位の貴婦人たちが陣取っていた。

親王は足用の敷物を「確保する」ための策を練り、女性たちの膨らんだドレスの裾が床に触れないようにとの口実で、膝用クッションの下に小さな布を置いた。二、三度試すうちに、布は驚くほどの大きさに達し、皆が見られるようにと仰々しく運ばれ、その上から膝用クッションが載せられた。「膝用クッションが布の上を漂い」、「布はあちらこちらで（ドレスよりも広く）はみ出していた」

フロンドの乱に先立つ一六四六年、足用の敷物が原因で、パリのノートル＝ダム大聖堂でひと騒動起きた。王弟《ムッシュー》オルレアン公爵ガストンは四月一日の復活祭に、晩課〔カトリックの聖務日課で日没時に唱える祈禱〕のためにノートル＝ダム大聖堂へ赴いたが、近衛士官がレッツ枢機卿の足用の敷物を見つけた。当時彼はまだ司教補佐でゴンディという名だった。敷物は所定の位置、つまり大司教の椅子の真後ろにあったが、士官はこれをどかせて、公爵の敷物を置いた。この出来事はすぐにゴンディの耳に入った。彼は個人的には、フランス国王の息子と揉めるのはいささか滑稽だとは思ったが、司教座聖堂参事会員（教義を教授する高位聖職者）に「とがめられ」、大司教と司教補佐を引き離すことがいかに重大な結果につながるかを説教された。彼は教会の扉のところで王弟《ムッシュー》を待ってこの件を説明すると、王弟《ムッシュー》は自身の敷物をどかさせた。ゴンディは礼拝で振りまかれる香を彼より先に受け、こう軽口をたたいて詫びた。「一昨日カルメル会の下位修道士も平然と殿下より前の席に座っていたと聞いていなければ、小職もこのように殿下より先に香を受けることをひどく恥じたことでしょう」。ゴンディは、その二日前に王弟《ムッシュー》がカルメル会の礼拝に行き、会士たちの後ろの席に座ったと聞いていたのだ。王弟《ムッシュー》はこの言葉を気に入って、夜、仲間内で集まったときに礼儀正しさの印だと語った。

しかし翌日、宮廷人たちは口々にゴンディは優先権を奪ったようだと騒ぎ立てた。王弟《ムッシュー》はうんざりしたが、彼は、再び大聖堂へ赴いてゴンディより前に香を受けることを約束した。王妃とマザランはゴンディを説得しようとしたが、昨夜まで優先権のことなど知らなかったゴンディは、慣習を再び変えるようなことはしたくなくなった。

マザランはそれとなくゴンディを脅した。貴殿がアンブロジウス（ミラノ司教。テッサロニカの虐殺後、皇帝テオドシウス一世が大聖堂に足を踏み入れることを禁じた）を真似るつもりなら、彼同様高徳な生活を送らねばならぬ、と。ゴンディはむしろ放埒な生活を送っていたので、少なくとも政治上はアンブロジウスを手本といたしましょう、そうすれば恩寵により、あらゆる点で彼にならえるかもしれませぬ、と答えた。

閣僚の中には、王弟《ムッシュー》は実力行使に出ることもできると暗に脅迫してきた者もいた。ゴンディは回想録に、「これは我が人生におけるもっとも愚かな出来事だったと思う。だがいい教訓になった」と簡潔に記した。折しも公爵殿《ムッシュー・ル・デュック》ことコンデ公ルイ二世の弟コンティ公アルマン・ド・ブルボンが枢機卿に任命される予定で公爵殿《ムッシュー・ル・デュック》はこの件でマザランと対立した。彼はゴンディに対する脅迫を許すわけにはいかないし、決着がつくまでは軍に戻らないつもりだとゴンディを擁護した。

公爵殿《ムッシュー・ル・デュック》の父、大公殿《ムッシュー・ル・プランス》ことコンデ公アンリ二世息子は息子が宰相と対決することになったらと想像しただけで「震え上がり」、腰を上げた。彼がゴンディのもとに飛んでいったところ、ゴンディは八〇人の貴族と一緒にいたため、てっきり息子は宰相に謀反を企てているのだと思い込んだ。だがゴンディが一切の点について譲歩するつもりだと明言すると、大公殿《ムッシュー・ル・プランス》は感銘を受け、王弟《ムッシュー》を説得してゴンディの訪問を受けさせた。

興味津々と宮廷人が見守る中、ゴンディが教会の慣行を説明したところ、王弟《ムッシュー》も納得し、慇懃に自らのメダルコレクションを案内して見せた。

Duché femelle

女性も継承可能な公爵領

ルイヤック侯爵は「エペルノン偽公爵」の名で通っていた。というのも、一六六二年つまりエペルノンの領地を相続した父の他界以降、友人や近侍たちに自分のことを公爵と呼ばせていたからだ。

だがいくら「馬車に公爵の紋章を描こうと」、国王は彼を決して公爵とは認めなかったし、ルーヴルの栄誉〔196頁参照〕も許さなかった。

一六九〇年六月二五日、彼の寡婦は国王に請願書を提出した。そこには、友人にも機知にも美徳にも恵まれた我が娘が、フランス王アンリ四世の愛人ガブリエルの流れを汲むデストレ伯爵と結婚した場合、娘から伯爵に公爵同輩衆の身分が渡るのをお許しいただきたい、と綴られていた。当時、ガブリエルの子孫は宮廷で権勢を誇り、尊敬を集めていた。国王は同意し、デストレ家は女性以外に後継人がいない場合にも爵位の継承を認めさせようと動き始めた。一族は公爵位の古さをあきらめ、最後に叙された公爵とし

て末席に連なると約束した。

だが彼らにとっては残念なことに、当時、公爵として二番目の古さを主張していたリュクサンブール公爵の裁判が進行中で、全公爵が一週間に一度、弁護士リパルフォンのところに集まっていた。そこで、一人また一人と説得に回っていたデストレ家のことが話題に上り、あきらめさせようという話になった。身分の古さを譲歩するなど、彼らにとってはありえないことだったのだ。彼らはデストレ伯爵に、高くつく上に負けるかもしれない裁判よりも個人的に新たに公爵に叙された方がいいと助言した。結局、縁談は破談となり、娘は修道院に入った。

同じ策略でも、モンテスパン侯爵夫人の息子ダンタン公の場合は首尾よく行った。嫡出子ダンタン公もルイヤック家の「空想じみた世迷言」を根拠に裁判を起こした。エペルノン公爵領は女性を介しての相続が可能だ。ダンタンの主張の根拠もここにあり、彼の父方の祖母クリスティーヌはルイヤック家の娘だった。ダンタン公の父はモンテスパン侯爵で、妻とルイ一四世の情事に憤然として田舎に引っ込んだが（彼は巨大な角を描いた喪の色の馬車に乗っていた〔角は寝取られ男の象徴〕）、母クリスティーヌと一緒になって、公爵領を取り戻そうと画策したこともある。母モンテスパン夫人の「道ならぬ恋」を足がかりに、ダンタン公は国王の支持を得たが、公爵たちから横槍が入った。サン＝シモンはこの件について実に一三〇頁を費やして、ダンタン公の主張に異を唱えようともしない「気難しく、公爵の風上にも置けない者たち」を非難した。ただし、エペルノン公爵家では平民は除外されていた。すなわち、相続人である女性が平民と結婚した場合、夫もその子どもたちも公爵を名乗れないのである。クリスティーヌの祖父セバスティン・ザメは莫大な資産を持つ金融家でありながら、「ルッカ〔イタリア、トスカーナの町〕の下層民」出身だった。

サン＝シモンはイタリア人枢機卿らの仲介で、ザメが平民階級であることを証明する書類を入手し、これで一発逆転しようと、裏で準備を進めた。さらに、エペルノンの領地が過去に売却されたことも突き止めた。モンテスパン侯爵は極秘でこれを買い戻し、売買証書を焼却したが、所有者の変更があったとなれば、相続の系統が途絶える。

ダンタン公は再び国王にすがり、「この上なく鋭敏かつ老獪な宮廷人の手管を存分に」発揮して、国王を説得した。ルイ一四世は独断で介入し、裁判を中断させた。ダンタン公は公爵同輩衆に叙されたが、「背負うには重すぎる」栄えあるエペルノンの家名は許されなかった。それでもサン＝シモンは、女性により爵位が継承された場合、法に則って、夫には義父の爵位の古さは適用されないとの言質を取った。

Ducs à brevet

勅許状公爵

「マザラン枢機卿は、身分も継承も伴わず栄誉だけをもたらすこの種の高位を復活させた。この身分はフランソワ一世とその後継者たちの時代には知られていたが、かなり以前からすたれていた。だが宰相はこれを維持し、敬意を表すべき人々や今後登用を考えている者に褒美として与えるべきだと考え、『無爵位が恥ずべきことと思われている限り、そして爵位が当然のものと見なされるまで、爵位を授けよう』と宣言した。この勅許状の威光を高めるため、ついには宰相自身も爵位を得た」とサン＝シモンは回想している。

のちにリュクサンブール大元帥となるフランソワ＝アンリ・ド・モンモランシー＝ブートヴィルは若く、覇気があり放埒で、才気にあふれ社交的、そして怖いもの知らずだった。彼の姉はあだっぽい美女で、おかげで二人とも幸運に恵まれた。彼は大公殿《ムッシュー・ル・プランス》こと大コンデ公と共にロクロワで戦って親しくなり、大コンデ公はフランソワ＝アンリの姉を気に入った。公は、（少なくとも当面は）自分にきわめて忠実な前途有望な若者と彼女を急いで結婚させ、若者は勅許状により公爵に叙された。勅許状公爵シャティヨンは三年の間爵位を大いに楽しみ、大変な人気者となったが、戦場で落命したため、「愛人同士、なぐさめ合った」

その昔、フランスには世俗同輩衆の公爵が三家あった。ノルマンディー公爵家、ブルゴーニュ公爵家、ギュイエンヌ公爵家である。ブルターニュ公爵家はフランス国王の封臣を名乗ってはいなかった。さらに聖職者同輩衆の公爵も三家あった。ランス大司教公爵家、ラン司教公爵家、ラングル司教公爵家である。一七世紀、世俗同輩衆は例外なく公爵であったが、公爵が必ずしも同輩衆というわけではなく、ルイ一四世は多くの者を同輩衆の位を伴わない公爵に叙した。高等法院、国務諮問会議、三部会では公爵同輩衆は公爵よりも格上だったが、宮廷の式典では爵位設立の古さによって格が決められた。

ある者を公爵に叙す際、国王の公開状は高等法院に登録されねばならない。この確認作業を経なかった者は、「勅許状公爵」と呼ばれた。彼らの爵位が高等法院の決定ではなく、国王の公開状のみを根拠としていたからである。そのため彼らが享受できるのは宮廷での特権のみで、式典では特定の身分を持たず、子に爵位を継承させることもできなかった。

Eau bénite

聖水

リュイーヌの回想録には、「コンティ公妃が聖水を受ける儀式で、人々はブーフレール公爵夫人をめぐるごく不可思議なことに気がついた」とある。

公爵夫人は必ずクレルモン嬢〔コンデ公ルイ三世の娘マリー・アンヌ〕の左を歩き、彼女と同時に扉を通らねばならない。ただし、「クレルモン嬢の肩は付き添いの公爵夫人よりも少し前にいなければならない」。「また公爵夫人のヴェールの裾はクレルモン嬢の裾と並び、お付きの者が持つ。持つ時間の長さは両者とも同じだが、公爵夫人のマントの裾は、聖体が置かれている部屋の手前の部屋を半分まで進んだところで放さねばならない。一方、クレルモン嬢の裾はずっと持ったままだ。公爵夫人が戻ってくると、お付きの者は裾を先ほど放したところで再び持つ」。時は一七三六年。「こうした仰々しい規則が決まったのはつい最近のことなので、忘れたり違反したりすることはないだろう」とリュイーヌは記している。

Écharpe noire
黒いスカーフ

ハノーファー選帝侯妃ゾフィー・フォン・デア・プファルツは、「マダムはつねに私を心臓側から抱擁していた」と驚いた調子で述べている。マダムとはゾフィーの姪で、彼女に大切に育てられ、太陽王の義妹となったエリザベート・シャルロット・ド・バヴィエールを指す。エリザベートはゾフィーを上座である右側につけていたのだ。ゾフィーは扉を通る際にも優先権を与えられ、エリザベートの夫、王弟《ムッシュー》からは、「貴女はサヴォワやロレーヌの奥方と同様の権利を要求しなければなりませんよ」と言われていた。というのも、ゾフィーの夫は次男とはいえ、結婚後選帝侯の地位を得たからである。

優先権や宮廷作法《エチケット》に関する煩わしさを避けるため、ゾフィーはお忍びでのパリ訪問を希望した。「王弟《ムッシュー》は満足な様子で、お忍びでパリやパレ・ロワイヤルに行かれるのでしたら、黒いスカーフを巻いていけばよろしいでしょう、とおっしゃった」

一六七九年八月二二日、アムステルダムからパリに向かっていたゾフィーは、モービュイッソンで休憩し、女子修道院にいる姉に会いに行った。「人目につかずに修道院を訪れる」ため、地味な黒い服を着たが、王弟妃《マダム》が宮廷人の半分以上を連れて修道院に駆けつけた。二人は「形式は横に置いておいて」、折り畳み式床几《タブレ》に座った。馬車でもゾフィーは、自分の娘の横に座ることを許された。娘は馬車が後退するたびに酔ってしまうのだ。

フォンテーヌブローでは、国王の寵姫モンテスパン夫人に最上の部屋があてがわれ、ゾフィーにはお忍びにふさわしい部屋が用意された。王弟《ムッシュー》は「かなり粗末」な部屋が割り当てられたことを詫び、お忍びとはいえ妻の育ての親に無作法を働かないよう、ほかの宮廷婦人が身につけているようなドレスやつけぼくろを贈った。

お忍びの旅は喜劇のごとく、複雑になっていく一方だった。というのも、ゾフィーはオスナブリュック夫人という偽名を使っていたが、姿を現せば、「オスナブリュック夫人の

宮廷作法《エチケット》に煩わされたくなければ、黒いスカーフをかぶって身分を隠せばよかった。

席をお空けください！」、暑さに辟易してレモネードを頼めば、「オスナブリュック夫人に飲み物を！」などと叫ばれたりしては、お忍びで押しきるのは難しい。

舞踏会でもドイツの大公たちは、「序列に混乱が生じるのを避けようと」、客人であるゾフィーの前で民俗舞踊「ブランル」を踊ろうとはせず、王弟妃《マダム》自らが彼らに踊るよう勧めねばならなかった。彼女は「大寵臣《アルシミニョン》」と呼ばれる王弟《ムッシュー》の愛人（男性）にキスの挨拶をせねばならなかったが、紹介を受けなかった公爵同輩衆にはキスをしなかった（彼女は王弟妃《マダム》の特権にならい、王弟妃《マダム》がキスした全員にキスをした）。

王妃は口づけのためにドレスの裾を差し出したが、ゾフィーは深くお辞儀をするにとどめた。折《タ》り畳《ブ》み式床几《レ》を勧められたときには、フランス国王アンリ四世の孫グランド・マドモワゼルが彼女の身分と衝突しないように急いで小さな休息用長椅子に座ったが、ゾフィーはあいさつをしただけでその場を去った。彼女は、神聖ローマ帝国皇后の前では背もたれのついた椅子に座ることを許されている自分が、王妃の前といえども折《タ》り畳《ブ》み式床几《レ》などに座ることなどありえないのだとのちに説明している。

ヴェルサイユでは、王弟《ムッシュー》は仰々しい儀礼を避けるため、秘密の通路からゾフィーの部屋に出入りしていたが、夕食の席では、一緒に手を洗うよう自分のナプキンの半分を差し出して、敬意を示していた〔219頁参照〕。お忍びの訪問者との夕食は普段よりも陽気なものだが、王太子（ゾフィーは王太子なら自分の娘の許婚として理想的だと考えていた）は頑として「はい」「いいえ」以外の返事をしなかった。

Écuyer de la bouche

配膳係近習

国王の調理人は配膳係と給仕係の監督官でもあり、「年間を通して働いていた」。ルイ一四世時代にこの職に就いていたのは、ジョルジュ・ブノワという名の「太ったイノシシのような男」だった。彼はルイ一三世のロースト係の息子で、宮廷中から恐れられていた。召使頭リヴリ侯爵さえも例外ではない。「腹黒く意地悪な」ブノワは、小隊長ボーヴェをいじめ抜き、ほかの小隊長なら「あっという

国王にはつねに最上のものを！　狩猟部隊長は最高の野禽獣《ジビエ》を納めねばならず、収穫がなければ再び狩りに行かされることもあった。

間にたくさんの獲物を持ってくる」のに、ボーヴェとやらは野禽獣《ジビエ》を出し惜しみして、肉を転売していると非難した。彼の淀みない口調に王も乗せられて、怒りを募らせた。サン＝シモンは、「このこと自体はささいで、記録しておくほどでもないが、彼の性格を実によく表している」と記した。

Éminence
猊下

親王は枢機卿を「猊下」の尊称で呼んでいた。一方、内親王は扉のところまで見送りしなくてもいいように、枢機卿を部屋に迎える際は、寝台に横になっていた。

枢機卿は少なくとも二度「猊下」と呼ばれるまでは、部屋を退出しなかった。

Enfants d'honneur
国王の遊び相手

ブリエンヌ伯爵は、一六四三年に弟（のちのクータンス司教）と共に国王の遊び相手の一団に加えられたときのことを回想している。

当時五歳だったルイ一四世は攻撃的な性格で、自分の太鼓やサン・スイス（スイス一〇〇人隊）の太鼓を四六時中たたいていた。幼いブリエンヌ兄弟は槍を手に持ち、剣を横に下げた姿で、ラサル夫人に迎えられた。ラサル夫人は摂政を務める母后アンヌ・ドートリッシュの侍女で、国王の遊び相手たちを指揮していた。遊び相手たちはたくさんいて、この日は従兄弟のラ・シャートル侯爵や、コワラン、ヴィヴォンヌ（のちの大元帥）も加わった。

ラサル夫人は全員の肩にマスケット銃をかけさせ、子どもたちは夫人に敬礼した。ただし、「命令されなかったので」帽子は脱がなかった。夫人は子どもたち全員の額にキスをし、行進を始めさせた。演習は夫人立ち会いのもと毎日行われたが、時間と共にかなり大きな規模になったため、改革の必要が生じた。残ったのは二〇名だけ。「全員、スペイン人の言う『特権保有者《ティトゥラドス》』の息子で、彼らにつねに同行していた家庭教師たちは、おかげでルーヴルの栄誉〔196頁参照〕を享受した」

一六四五年、ルイ一四世は女性たちのもとから引き離されて、男性、すなわち通年で勤務する教育係、副教育係、近侍たちに預けられた。普通なら、幼王たちには遊び相手がつけられるのに、ルイ一四世の遊び相手はいなくなってしまった。「子どもたちは慎みがな

幼いルイ一四世は攻撃的な性格で、遊び相手を従えて戦争ごっこをしたり、要塞を建てたりした。

く」、あなたは国王だとルイに言っても「大人は注意するわけにはいかず」、しまいには王としての意識が生まれて、大人の思うように操れなくなってしまうかもしれないからだ。

大使の着任
Entrée d'ambassadeurs

ここ数年来、駐フランスジェノヴァ共和国大使は「幾度も計略をめぐらして」、不正に王族に準ずる扱いを受けてきた。彼らは国王の大使数人と同じ日に着任式を設定するようにしていた。そうすれば国王のすぐ後ろについて、国王同様太鼓の音と共にルーヴル宮殿に入ることができ、周囲はこの栄えある入場が誰のためのものか、わからなくなるからだ。「この国自体が長いこと我々の祖先により治められていたことを考えれば、こうした虚栄は愚かというほかない」とルイ一四世は一六六一年に王太子に宛てて書いている。「余は大使たちに、その途方もないうぬぼれなど取るに足らぬことを思い知らせた。以来、彼らも彼らの上層部も、余がイタリアに少しでも兵を向けようものなら震え上がり、この件についで話そうともしない」

同年一〇月一〇日、ロンドンから入った報せは、太陽王を激怒させた。

ルイ一四世時代、大使たちは自国の権勢を示すため、宮廷作法《エチケット》をやり過ごそうとしたが、国王はそうした虚栄心を見逃しはしなかった。

スウェーデン大使の着任に合わせて、駐ロンドンスペイン大使ワットトヴィル男爵はフランス大使と同等の扱いを要求した。彼は「この解釈に従い」、金の力を利用して暴動を煽り、武装したごろつきにフランス大使エストラード伯爵の馬車を襲わせた。馬たちはマスケット銃で撃ち殺され、大使は道を阻まれた。何よりもルイ一四世を「傷つけた」のは、この行動がかなり以前から画策されていたことだ。

事件前、国王から指示を受けたフランス大使は、ロンドンにいる全フランス人を集めていた。同時に指揮下の連隊所属士官数名と、息子の部隊から数名の騎兵をフランスから呼び寄せたが、四、五〇〇名ほどにしかならなかった。一方ワットヴィル側は金と密使の働きが功を奏し、武装兵は二〇〇〇名以上に上った。

イングランド王は衝突を避けるため集会禁止の布告を出したが、死傷者が出、フランス大使の馬車は立ち往生した。ルイ一四世はこれに対抗して、スペイン大使に即刻フランスからの退去を命じ、北部の治安維持を担う特任官僚に、業務を一旦停止してカトリック王〔スペイン王〕との関係を一切断つよう指示した。

エストラードは、「安全も尊厳も礼節も保証されていない」と言わんばかりにイングランド宮廷を去った。ルイ一四世は「徹底的に対抗する」覚悟であると書き送り、「正当な戦争の大義」のために戦うべく、軍の指揮を執る決意を固めた。一方、スペインは交渉の達人を自負していたが、一か月後に宰相が他界した。ルイ一四世はすかさず「右も左もわからぬ新任」大臣たちに付け込んで、公的賠償を要求した。

一六六二年五月四日、スペイン王特命大使フエンサルダニャが、ルーヴル宮殿の国王の大執務室へ向かった。執務室にはすでに教皇大使、諸国大使、公使が集まっていた。「フエンサルダニャは余に、カトリック王も余に劣らずロンドンでの出来事を遺憾に思い、驚いていると語った」。スペイン王は大使ワットヴィルを解任し、イングランドのみならず各国宮廷に駐在する全スペイン大使と大臣に宛てて、いかなる公的式典であれ、フランス大使や大臣と競合することはならぬとの命令を出した。

ルイ一四世は同席した外交官全員に、今この場でフランス王に対して確約された優先権を自国の君主に伝えるようにと言い渡した。そして息子への手紙で、「そなたはこの恩恵を心して理解せねばならぬ。王政が敷かれて以降、かように栄誉ある出来事が起こったためしがあるか、余は知らぬ」と書いた。

寝室入室特権

Entrées de la chambre

国王の起床の儀で「最後に入室を許される特権」は、「寝室入室特権」と呼ばれた。もともと国王が大起床の儀を終えて、寝室から「着替えをする部屋」に移動していたことに由来する呼び名だ。着替え部屋は一七〇一年以降寝室に組み込まれたが、特権の名称は変わらなかった。

寝室入室特権は国王に仕える官職保有者全員に与えられていたが、「あえて希望する者はいなかった」。サン＝シモンの記憶では、この特権を持っていたのはオーヴェルニュ伯爵だけだ（伯爵は「イノシシのような人物で、つねに恋愛沙汰を引き起こし、ひどく尊大で、威厳ばかりを気にしていた」）。

一方ダンジョーは、ユミエール大元帥がこの特権を「喉から手が出るほど欲していた」と記している。大元帥は自分は王に仕える官職保有者であるからには、寝室入室特権を要求する権利があるとして、国王に使者を送ったが、国王は官職保有者だからといって必ずしもこの親密な特権を手に入れられるわけではないと回答した。

ユミエール大元帥は別の方向から攻めることにし、国王付き小銃隊長である自分は国王の家来であり、願わくはこの特権を享受したいと伝えた。国王は、隊長職には一切の特権はないと答えた。そこで大元帥は、自分は長い間百人侍従団を指揮していたが、百人侍従団に入室特権が与えられていたからには、自分にも同様の特典を与えられるよう願っていると述べた。この論法に、国王は譲歩した。
国王がブイヨンを飲む日には、短時間の寝室入室特権が与えられることもあり、認められた者はスカーフ係、仕立て係、マントと小銃の入ったカゴを持った小姓らと共に入室できる。その後「その他の宮廷人」、すなわち大起床の儀に入室を許され、シュミーズを国王に渡すなど様々な着付けの特権を持つ特別な宮廷人（枢機卿、大使、高等法院長、大臣、国務卿）らが入ってくる。

Entrées par les derrières

後部扉からの入室

入室特権の中でももっとも重要なのが、後部扉からの入室だった。この扉は、宮廷人たちが押し寄せて互いに目を光らせる控えの間ではなく、寝室後部の私室とつながっており、国王の筆頭医師と筆頭外科医、王太子、国王の子、孫、認知された非嫡出子、彼らの二人の家庭教師（モンシュヴルイユとオー）、首席近侍が使用を許されていた。建築物部に勤めていた建築家マンサールとダンタンも同様で、宮殿や庭園について国王と話し合っていた。この特権を持つ者にはほかの入室特権は与えられず、後部扉からしか退出できなかったが、いつでも入室でき、事実上その他の入室にも特権に関係なく立ち会うことができた。

国王はこの時間を利用して「内密の」引見をしていた。これに対し、起床の儀の間寝台の横で行われる引見は「特殊」引見、大使たちの引見は「儀礼」引見と呼ばれる。

個人的な引見ならば、後部扉から入室すれば人目につかない。財務総監で大臣を務めたシャミヤールは、マントノン夫人の画策で失脚していたが、一七一二年一一月二六日に再び、「後部扉から」の入室を許された。引見は「二人きりで」一五分間続き、その後「後部扉から」退出した。

摂政は「こうしたことを軽視して」入室特権を乱発したため、大臣デュボワが仕切り直さねばならぬ羽目になった。

夜の入室特権

Entrées du soir

宮廷は夏にはコンピエーニュ、秋にはフォンテーヌブローにそれぞれ六週間滞在した。全省庁も宮廷に従って移動したので、「大旅行」と呼ばれていた。フランスや外国の連隊が野営し、射撃訓練を行い、派手に着飾った騎士と共に戦術向上に取り組んだ。一七六五

ゴルドーニは宮廷で才能を認められ、「夜の入室特権」を得た。

年一〇月、イタリアの劇作家カルロ・ゴルドーニはフォンテーヌブローで、パリの喜劇作家たちによる新しい演目を観劇した。切符は近衛隊長が手配してくれたが、いつになく「観客が我先にと大挙してきた」ため、ゴルドーニは最後部席に座る羽目になった。

だが突如、王太子死去の報せがもたらされた。一同は悲嘆に暮れたが、ゴルドーニはあちらこちらの居室から、「皆さま方、王太子殿下です！」と叫ぶ声を聞いて仰天した。この王太子というのは亡き王太子の息子ベリー公爵で、今や国王の推定相続人となり、泣きはらした目で人々の前に姿を現した。

ゴルドーニはヴェルサイユ宮殿内の居室を失った。というのも、ここはもともと王太子妃付き産科医の居室だったのだが、王太子の他界後、王太子妃はここを自由に使えなくなったからである。ゴルドーニは内親王たちのイタリア語教師として宮廷に勤めていたが、あるとき、イタリア語でカンタータを作曲して、これを披露するよう勧められ、夜一〇時に貴族たちの集う小部屋の前に参上した。王太子夫妻が食卓に着いており、ゴルドーニは女官に呼び止められ、夜の入室特権を持っているかと聞かれた。彼は「マダム、朝の入室特権と夜の入室特権の区別が私にはつきませぬ」と答えた。

女官はすぐに彼が誰であるかを理解し、「ムッシューの場合は、区別はございません」と、一歩下がって彼を通した。

司教同輩衆

Évêque-pair

高等法院に議席を持つ枢機卿や司教同輩衆は、親王や統治権を持たない君主と同等の特権を要求していた。

同輩衆らは、スペインでは国王の前で肘掛椅子に座る権利があったが、フランスでは国王の前で座ることさえできなかった。王妃の前では、一族の権利として折り畳み式床几《タブレ》に座れた。親王は自分たちには許されなかったこの特権をいまいましく思っており、ある時など大公殿《ムッシュー・ル・プランス》こと大コンデ公は憤怒のあまり、王妃の部屋でブイヨン枢機卿の折り畳み式床几《タブレ》をひっくり返したこともあった。

　枢機卿であるリシュリューとマザランも、親王と特権争いに苦労させられた。大公殿《ムッシュー・ル・プランス》ことコンデ公アンリ二世の息子アンギャン公爵〔のちの大コンデ公〕は（彼は父と王弟《ムッシュー》ガストンに次ぐ王位継承者だった）はカタルーニャ部隊から戻ってくると、リヨン大司教だったリシュリューの兄の優先権を取り上げた。権勢を誇る宰相リシュリューは公爵に、兄のいるエクスに行き正式な謝罪をするよう要求した。ソワソン伯爵は親王であったにもかかわらず、スダンに追放された。宮廷から遠ざけられはしたが、これでもう枢機卿の左側〔下座〕に甘んじる必要がないのがせめてもの救いだった。

　一方、レッツは枢機卿に任命されるや、聖職者仲間から「当面、私たちは先の方々（親王）にはもう挨拶いたしません」と告げられた。それほど両者の争いは激しかったのだ。ルイ一四世時代、マザランが他界すると、高位聖職者の立場は後退した。プリミ・ヴィスコンティは、宮廷で彼らが多くの人々に交じって押し合いへし合いしているのを目にし、驚きを隠せなかった。

　だがその後オルレアン公フィリップによる摂政時代が始まると、大臣を務めた影の枢機卿ことデュボワ枢機卿は、同輩衆から優先権を取り戻そうとした。ただ彼はまだ「ひよっこ」だったので、車椅子に乗ったロアン枢機卿を前面に出すことにした。そこで彼は大臣職をロアンの前にちらつかせ、ロアンは同輩衆より先に閣議室に入った。すると、ヴィラール大元帥が立ち上がって幼王に話しかけ、同輩衆の前を歩けるのは親王だけだと指摘した。そして「ロアン枢機卿はずっと以前から、枢機卿への私の深い敬意をご存知ですが、私は自分の身分に伴う特権を守らぬわけにはいきませぬ」と付け加えた。摂政が中に入って、「今回はとがめなしとしよう。それぞれ自分の主張を裏付ける論を探してくるように」と述べた。のちにヴィラールは摂政に、「私にとって、格上の枢機卿は二人しかおりません」と伝えた。すなわちリシュリューとマザランだ。デュボワ枢機卿は回想録、典礼書、親裁座〔国王による強制的な法令登録〕の記録を調べ始めた。実際、ルイ一三世が閣議でラ・ロシュフコー枢機卿に、大元帥レディギエール公爵に対する優先権を認めた事例が発見されたが、これは母后たっての希望による例外的な措置である、と明記された勅許状が出されたようだ。

そこで枢機卿たちはブリエンヌの回想録に注目した。それによれば、この勅許状は即座に破棄されたらしい。摂政は勅許状の原本はあるかと尋ねたが、ヴィラールはルイ一三世の遺言状でさえも見つけるのに一苦労で、ようやく香辛料商のところで見つかったくらいなのに、ましてや勅許状の行方など神のみぞ知る、勅許状取り消しの命令を見つけられるとしたら、それは当然枢機卿たちだろうと反論した。

摂政とデュボワにせっつかれた国王は、同輩衆をしのぐ優先権を枢機卿に与えるつもりであると宣言し、同輩衆はこれに抗議して、摂政時代を通して閣議には一切出席しなかった。

Évêque-pair académicien
アカデミー会員の司教同輩衆

高位聖職者ノワイヨンは虚栄心の塊だった。館には実家クレルモン＝トネール伯爵家の紋章があちこちに飾られ、大紋章の上には「マント」(紋章の構成要素。同家のマントはアーミン模様)が描かれ、司教帽ではなく伯爵同輩衆の冠に支えられている。回廊には一族にまつわるすべての聖人の絵と、二枚の大きな家系図が飾られていた。一枚は東ローマ帝国皇帝、もう一枚は西ローマ帝国皇帝に連なる名家クレルモン＝トネールの家系図である。

聖職者であり同輩衆でもあるノワイヨンは、ルーヴルの栄誉〔196頁参照〕の権利を持っており、王宮の中庭に馬車で乗り入れていた。ある日、馬車でサン＝ジェルマン宮の中庭に乗り入れたノワイヨンは、アカデミー・フランセーズ会員だったパリ大司教が歩いているのを見かけ、声をかけた。大司教はてっきりノワイヨンが馬車から降りてくるものと思い、

同輩衆の聖職者ノワイヨンは大変な野心家だった。国王はこれを逆手に取り、王権を悪用して、彼をアカデミー会員に選出させた。

彼の方へ向かって歩いていったが、とんだ見当違いだった。ノワイヨンは窓越しに手を差し伸べ、「大司教に話しかけ、お世辞を連ねたが、大司教は怒り心頭に発した」。ノワイヨンはそのまま、大司教を連れ歩くかのように城の階段に向かった。大司教は公爵同輩衆で、ルーヴルの栄誉の権利がある。「騒ぎ立てる」こともできたはずだが、その場は口をつぐんで復讐を誓った。

一六九四年、国王はノワイヨンの虚栄心を逆手に取り、彼をアカデミー会員に選出させた。一六三五年に創設されたアカデミー・フランセーズは、四〇人の会員を擁し、フランスの知的水準の維持を目的としていた。国王がこうした行動に出るのは初めてのことだが、数点のキリスト教に関する書を著した以外教養らしい教養はないのに、教養人を自認するノワイヨンを、どうしても物笑いの種にしたかった。

多くの人がノワイヨンの演説を聞こうと押し寄せた。予想通り彼は鼻高々で、国王や人々のはしゃぐ様子を見ても、アカデミー長官の度を越した賞賛を聞いても驚かなかった。ついにノワイヨンの目を開かせたのは「司教の名誉挽回」を狙っていた件《くだん》の大司教だったが、真実を悟らせるのに「ずいぶんと手間取った」

それでもついにはノワイヨンも自分が欺かれていたことを理解し、「恥辱をなぐさめるべく、自分の司教区に戻った」。だが死が近いことを悟ると偉大な面を見せ、アカデミー長官を呼び寄せて、許しを与えて口づけし、「自分の指から美しいダイヤモンドを抜き取ると、友情のためにこの指輪をつけてほしいと頼んだ」

9

Gants de sorbonne

ソルボンヌ大学の手袋

外国王族にはいくつかの特権が与えられていた。国王の執務室での荘厳な婚約式や、ソルボンヌ大学での論文の口頭審査では（神学課程では四つの口頭試問を設けており、最後の試問は一二時間も続いた）、手袋を外さない権利、試問中帽子をかぶったままの権利、「殿下」と呼ばれる権利を有していた。「論文の口頭試問を受ける親王や高位の者は、試問中、手袋をはめて縁なし帽をかぶったまま」で、「反論者も議長も、彼らのことを王子殿下《セレニッシム・プランス》と呼ぶ。ソルボンヌ学長は、博士号の免状の中でも『尊顔麗しき殿下《アルテス・セレニッシム》』の敬称を使う」

ロレーヌ家の祖先には、ソルボンヌ大学在籍中にフランス王アンリ三世の廃位を主張した者もいたが、この「きわめて異例の扱い」から外されることはなかった。ロレーヌ公は「殿下《アルテス》」の身分を持つ唯一の人物だったが、「『尊顔麗しき《セレニッシム》』の敬称は予想していなかった」

だが、同家出身の王国狩猟頭の息子は、「ソルボンヌ大学では、自分たちよりも格下なのにあまりにも多くの者がこの権利を得ていると考えた。その他の君主の一族では、フラ

ソルボンヌ大学で論文の口頭試問を受ける外国王族には、一二時間続く試問中、手袋と帽子を着用したままでいる権利があった。

ンスで高位聖職者になった者も、ソルボンヌで学んだ者もいない」。包囲戦で落命したギーズ枢機卿は副助祭に過ぎず、ソルボンヌ大学で教授資格を修めようなどとは考えもしなかったし、若くして大司教になったナポリのギーズ公アンリ二世も同様だ。

　こうした特権はブイヨン神父――アルブレ公爵――にさかのぼる。ソルボンヌ大学長ペレフィックスはジャンセニスム〔32頁参照〕を攻撃し、ソルボンヌ大学を支配下に置き、数々の玉《ぎょく》璽《じ》令状（国王が裁判を経ずに投獄や追放を命じる書状。これに対し公開状は、国王の署名入りの大臣の命令書）を公布したため、ルイ一四世から一目置かれていた。一六六一年から六七年にかけて、当時若かったブイヨン神父は論文の口頭試問を受けた。彼はイエズス会に肩入れし、ペレフィックスから支持され、「それまでになかった」手袋や尊称の権利を望み、ことごとく手にした。「外国王族という身分をよくよく検分してみると、かような山賊まがいの行為が見つかるのである」とサン＝シモンは毒づいている。

スービーズ神父は一六九六年に口頭試問を受けた際、前例を根拠に、同様の特権を主張した。だが当時の学長はランス大司教ル・テリエで、自分とは違ってペレフィックスは公爵同輩衆ではなかったと反論し、博士号免状の中で「尊顔麗しき《セレニッシム》スービーズ殿下」と呼ぶことを拒否した。スービーズ神父には皆と同じように「学者《マジステル》」の称号が与えられたが、本人は「尊顔麗しき王子《セレニッシムス・プリンセプス》」と呼ぶよう主張した。スービーズ夫人は数度にわたって国王と話し合い、大司教は国王との長時間にわたる引見ののち、この尊称を使うことに同意し、「重大な問題に発展することはなかった」

敬称の乱用は「どこか盗賊じみていないだろうか」とサン＝シモンは自問している。

王室家具保管係
Garde-meuble de la Couronne

王室家具保管係はアンリ四世時代に創設された。

サン＝シモンによれば、金融家クロザの従者だったモイーズ・フォンタニューは、この係の秘書官、次いで主計官になり、財産を築いて「のし上がり」、一七一一年に財力にものを言わせて王室家具保管係の監督官、総監になった。この部署は「国王のために製作されたあるいはこれから製作されるすべての家具、王室所有の全城館の調度品の設置や取り外しを詳細に監督する」係である。権威ある官職であり、野心溢れるローザンも、さほど豊かではない甥の一人を王室家具保管係監督官の娘と結婚させた。

侍従
Gentilhomme de la chambre

アンリ三世時代、国王の侍従職には首席侍従しかおらず、ベルガルド公爵が務めていた。公爵は王のお気に入りで、主馬頭と衣装部長も兼任した。だがア

ンリ三世が他界するや、ベルガルドはアンリ四世にお目見えし、その夜から新王の寝台の足元に寝た。夜、国王は目を覚まし、ベルガルドを呼んだ。「ベルガルドよ、一緒に数えてみようではないか。そちには主馬頭の官職は残してやるが、首席侍従の職はテュレンヌ子爵と共同で務めねばならぬ。子爵はずっと余の首席侍従を務めていたのだから」と述べた。二時間後、国王は再び目を覚まし、ベルガルドを呼んで、衣装部長の職を半分ロクロールに譲るようにと言った。「陛下、喜んで。ただしもう目をお覚ましにならないでください」とベルガルドは答えた。こうして首席侍従は二人で務めることになった。さらにベルガルド以前にこの職を務めたエペルノンも希望して、首席侍従は三人になり、一六三〇年にはモルトマールが加わって四人になった。モルトマールはのちに、ルイ一四世の寵姫モンテスパン夫人の父となる人物である。

ルイ一四世時代、四人の侍従は通年で勤めていた。近侍が国王を起こす際、首席侍従はカーテンを開ける特権を持っている。そして国王の便器を準備し、起床の儀に同席できる者を選び、朝食のカップを恭しく差し出す。国王が自室で「小正餐」をとるときには、食卓の準備が整った旨を告げ、侍従頭が不在の場合は給仕をする。昼餐前、外出時の着替えで誰が同席できるかを決めるのも首席侍従で、宮廷の娯楽の手配も担い、宮廷人のために上演する芝居の演目や、ヴェルサイユやフォンテーヌブローに呼ぶ役者を選び、室内楽団や宮廷バレエ団による公演を監督した。一六六四年五月に開かれた伝説的な宴「魔法の島の歓楽」を手配したのも、通年勤務の首席侍従サン＝テニャン公爵だ。彼は事務処理全般を銀食器部長官および会計官と共同で進め、署名した。

Gentilhomme de la manche
王太子付き侍従

この職に就いていたのは二人から四人で、国王の幼い子どもたちが「独り立ちする」時期に付き添っていた。

宮廷作法《エチケット》上、彼らは子どもたちの手を引くことはできないので、袖《マンシュ》をつかんでいた。王太子付き侍従が「ジャンティオム・ド・ラ・マンシュ（袖の侍従）」と呼ばれるのはそのためである。彼らに先立って王家の子たちの面倒を見る養育係は、子ども服に縫い込まれた細長い布を握っていた。

王太子付き侍従は非常に若く、護衛官として公式式典で王太子が触れられないように見張り、休息時間にはトリックトラック［バックギャモンとも呼ばれるボードゲーム］やチェスやカードで遊んだ。

一六九八年、ルイ一四世寵姫マントノン夫人と王太子の教育係ボーヴィリエの対立が悪化し、王太子付き侍従全員が「一切の金銭的補償のないまま」解雇された。

以前からマントノン夫人はボーヴィリエはやる気がないと非難し、大臣を兼任していたボーヴィリエの官職が子飼いのノアイユ公爵に渡るよう画策した。だが国王はボーヴィリエを評価していたし、よく知ってもいた。そこでノアイユ公爵の弟、ノアイユ枢機卿に意見を聞いたところ、彼は実の兄の足を引っ張ることになるにもかかわらず、尊敬すべき率直さをもってボーヴィリエの高徳さを擁護し、若き王子の教育には適任だと述べた。そこで国王は彼を留任させ、彼の部下数名を解任することにした。誰を解任するかは、ボーヴィリエ自身が決めねばならない。六月二日月曜日、国王は閣議前にボーヴィリエと二人きりで相談し、副家庭教師ボーモン神父、朗読係ランジュロン神父、王太子付き侍従ピュイとレシェルを解任することに決めた。二日後、ボーヴィリエから指名を受けた者たちが、空席となった職に着任した。ノアイユ公爵は長い間、弟と仲違いしたままだった。

専任伝言侍従

Gentilhomme ordinaire du message

葬儀や結婚式に王妃が出席する場合、国王は専任伝言侍従を相手方に送った。専任伝言侍従は肘掛椅子を勧められ、帽子を脱ぐ必要はなく、優先権を与えられて、馬車に来るまで見送りを受けた。公爵夫人は侍従を控えの間の半分のところまで見送った。

王妃と王太子妃は召使頭の一人を使者に立てていた。王妃の召使頭は専任侍従として扱われ、王太子妃の召使頭も見送りを受けたが、階段下までは付き添われなかった。

ルイ一四世が成人したばかりの頃、従者に伝言を持たせ、王国狩猟頭モンバゾンのもとに送ったことがある。モンバゾンは食卓に着くところだったが、従者に食事を一緒にするよう申し出、扉も先に通らせて、どの会食者よりも先に食事をサービスさせた。従者はすっかり戸惑ったが、モンバゾンは階段のところまで見送り、従者が馬に乗るまで待った。この話を語るときの国王は、「これこそが礼儀作法というものだ」と付け加えていた。

給仕係

Gobelet

夕食の間、国王や君主の飲み物は金の受け皿に載せて供される。グラスには蓋がされ、クリスタルのカラフ二つには水とワインが入っていた。

給仕係長が金メッキを施された小さなカップを差し出し、そこに給仕係の侍従が「試しに」ワインと水を少しずつ注ぐ。給仕係長はその半分を別の試飲係に渡し、二人で試し飲みする。その後給仕係の侍従はお辞儀をしてから国王のグラスの蓋を外し、国王はそれを手に取る。

夕食の間、国王や君主の飲み物は金の受け皿に載せて供される。クリスタルのカラフ二つには水とワインが入っていた。

王妃の出産後、給仕係長は医師と同じく、九夜の間寝ずに王妃に仕えた。

Gondoliers
ゴンドラ漕ぎ

ヴェルサイユの庭園は一般公開されていて、国王の散歩はしばしば群衆に邪魔されていた。トリアノンには馬車だけでなく、船でも大運河を通って行ける。限られた人だけに許された「運河散歩」には、船団に勝るとも劣らぬ船が用意されていた。トゥーロンの海軍司令官ランジュロン伯爵の指揮のもと、大型船が建設されて六門の大砲が装備され、ルーアンで金塗りを施された小型快速のガレー船、小型船や小艇数艘、ガレー船一艘が整えられた。士官や船員、船大工、コーキン工は、居室近くの「プティット・ヴニーズ（小ヴェニス）」と呼ばれるゾーンに寝泊まりする権利を与えられた。

毎日、王や乗船を希望する宮廷人たちのため、六〇名の船員が配置された。六人のゴンドラ漕ぎのうち四人がヴェネツィア出身で、一六八五年にはフリゲート艦のためだけに二六〇名の漕ぎ手がフランドルから呼び寄せられた。氷が張ると、別の娯楽が待っている。運河でのそり遊びだ。氷はたいてい薄く、思いもかけない光景が展開することもあった。一六八九年一二月三一日、大公殿《ムッシュー・ル・プランス》は水に落ちて首のところまでつかり、王女たちも「ひっくり返った」

フォンテーヌブローでは、人々は三つの運河に沿って船散策を楽しんだ。彩色され金が塗られた王室のブチントーロと呼ばれる船が国王一家を乗せ、親王や高位官職者は、ヴェネツィアのゴンドラに似た船に乗っていた。中央の運河は彼ら専用で、ほかの大公や公爵、貴族は横の二本の運河を散策した。「四分の一ミル」〔一ミルは約四・四キロメートル〕ほどの長さの三本の運河は大きな貯水池につながっており。五〇艘もの船が悠々と方向転換して、逆方向に散策を続けた。運河からは宮殿後部や、四〇〇の噴水が見えた。

フランス王家の子女養育係

Gouvernante des enfants de France

国王の昼餐はたいてい毎回「小正餐」で、女性は一切同席できなかったが、サン＝シモンはごくたまにラ・モット＝ウダンクール大元帥夫人の姿を見かけた。彼女は王家の子たちの養育係で、食卓に彼らを連れてきていたので、次第に習慣化したのだ。

彼女が来ると椅子が持ち込まれ、「勅許状公爵夫人に叙された彼女は、椅子に座った」。

ラ・モット＝ウダンクール大元帥夫人は「清らかな美しさ」で、あだっぽい女性から信心深い女性に変身し、フランス王家の子女養育係になった。

彼女の夫は「醜く、背中が曲がっていて、不格好で、足を引きずっていて、体がねじれていた」が、彼女は「清らかな美しさ」で、フランス王家の子女教育係ヴィルロワ大元帥とは幼い頃から「非常に親しかった」。「あだっぽい女性から信心深い女性に変身した」とも言われ、マントノン夫人からも評価されていた。夫人は「自分に重ねて」、無垢な女性よりも罪を悔い改めた女性の方を好んでいたのだ。

一七〇四年三月末のある朝のこと、大元帥夫人は国王のご機嫌伺いに執務室を訪れた。王は、自分の子や王太子（グラン・ドーファン）の子女の養育に非常に満足しているので、ブルゴーニュ公爵の子たちもそちに任せるつもりだと語った。ただ「そちの体調に配慮し、官職の難儀を少しでも和らげるため」、襲職権によりそちの娘ヴァンタドゥール公爵夫人を助手につけようと説明した。

大元帥夫人は呆然とした。娘のことは大切だ。だが一緒に働くとなると、どうだろう。彼女は、お子さま方にお会いしたこともない女性を養育係につけるのは理にかなっておりませんと述べ、「もごもごと言い訳し」、不満を示した。

任命の報せを受けたヴァンタドゥール公爵夫人はマントノン夫人の小室に駆けつけ、後部扉から入った。感極まった彼女は「自分の身分を忘れ」、マントノン夫人の膝に身を投げ出し、子どもたちと遊んでいたブルゴーニュ公爵夫人が彼女を起こした。「これほど我を忘れた人を見たことがない」との記録が残っている。国王はずいぶんと驚き、宣誓時にヴァンタドゥール公爵夫人が「全身を震わせている」のを見て、「思いやりをもって」、そちをひざまずかせて申し訳なく思っているし、手袋をはめているのも儀礼からで、自分としては素手で握手をしたかったと話しかけた。

フランス王家の子女教育係

Gouverneur des enfants de France

ある日のこと、ルイ一四世の母であり摂政のアンヌ・ドートリッシュが幼い息子に近づくと、ヴィルロワ大元帥（父）は一歩下がって敬意を示した。すると王妃はこれを見とがめて、「大元帥殿には任務の何たるかを教えて差し上げねばならないようですね。国王の教育係たる者、国王が秘密裏に話しかけられるのを決して放っておいてはなりません。母であるこの私も例外ではありません」とたしなめた。のちにヴィルロワ（息子）が、特権を利用して幼いルイ一五世に話しかけるようとする摂政オルレアン公フィリップを阻んだのには、こうした背景がある。オルレアン公は「両家の間に吹き荒れる嵐を物語るかのような、無感情で尊大な様子で」、「何とも奇妙なことだ。どういうことなのか知りたいものだ」と口にした。翌日、ヴィルロワは追放された。

実のところ、これは復讐だった。かつて太陽王ルイ一四世は、幼いルイ一五世の教育係にヴィルロワ公爵（息子）を指名したが、公爵は七一歳で、「フランス中探しても、この職にもっとも不向きな人物」と言われていた。けれども死を目前にした国王は、非嫡出子メーヌ公爵を摂政にと望み、宮内府の文官部門と武官部門を任せ、メーヌ公爵と親しいヴィルロワに肩入れしたのだ。

結局摂政となったのはルイ一四世の嫡出の甥、オルレアン公爵だった。彼はその後長い間、教育係である大元帥の存在に耐えたが、ついに逮捕を決意した。そこで利用したのが宮廷作法《エチケット》だ。一七二二年八月一二日（サン＝シモンは日曜日と記しているが実際には水曜日）、摂政はいつものように王との執務に向かった。財務状況、空席の職、歳出の内訳、国外の内密の動きを報告するのが日課だった。

ヴィルロワは執務中もそばについていて、国王の家庭教師であるフルーリー枢機卿が同席することもあった。この日の午後、摂政は国王に内密の話があるので、執務室裏の小室に移動したいと述べた。ヴィルロワは即座に反対したが、摂政は、国王は間もなく単独で統治する年齢になるし、一人で極秘事項の報告を受けることもできるはずだと答えた。摂政がもっと早くそうしなかったのは、ひとえにヴィルロワへの遠慮からだった。

ヴィルロワは計略にはまった。彼は興奮し、「かつらを揺らしながら」、自分は摂政に完璧に礼を尽くしているし、少なくとも、国王と国王の職務に対しどう振る舞うべきかもわきまえている、そのためにこそ自分は国王への責任があるのだ、自分には国王が口にすることすべてを知る義務があり、摂政が国王と内密に話すのを許すわけにはいかない、国王から決して目を離してはならないので、国王が一人で別室に行くこともならない、それが自分に課された責任なのだ、と答えた。

それに対しオルレアン公爵は、今の言葉にしかるべく応酬したいものだが、国王陛下の御前でははばかられると言って、国王に深くお辞儀をし、退出した。ルイ一五世は呆気にとられ、フルーリー枢機卿は「ほくそ笑んだ」。ヴィルロワは盛んに身振りを交えて口ごもりながら摂政を見送り、「国王の教育係に課された権利は摂政の権威を上回る」と胸を張ったものの、明日にでもオルレアン公爵に会いにいって弁解するつもりだと口にした。自分は重要な義務を果たしただけなのだ、と。

果たして彼は翌日、摂政の執務室を訪れた。執務室には庭に面して四つの大きな窓がある。中ではダルタニャンが待ち構えていた。灰色銃士隊の隊長である彼は、貴顕や元銃士隊員たちの逮捕を幾度も指揮していた。ヴィルロワは警視総監ル・ブランの駕籠に乗せられ、無理やり馬車に押し込められた。隣にはダルタニャンが座り、周囲を馬上の二四人の銃士隊が囲んだ。サン＝シモンは、王妃の居室の窓の下で起こった逮捕事件がわずか二時間でヴェルサイユ中に知れ渡ったことに驚きを隠せなかった。

教育係は王太子が独り立ちしてから成人するまでの期間、付き添い、教育するのが仕事だ。ハノーファー選帝侯妃ゾフィーは一六七九年に、王太子（彼女は彼と自分の一七歳になる娘を結婚させようと考えていた）が子ども扱いされて、彼のベッドの横に同じベッドがもう一台、教育係（「愚かな」モントジエ）用に置かれているのを目にして驚いている。教育係は近衛隊長を兼任することが多く、昼も夜も王太子の安全を守り、国王不在時には代わりを務めることもあった。「ヴィルロワ大元帥は国王陛下の部屋で、陛下の近くの寝台で横になる。彼が不在の場合は、副教育係の一人が代理する」との記録が残っている。教育係は「食卓でも名目上の役割」を担っており、王太子に料理を供していたが（「教育係は王太子に給仕する名誉の権利があった」とリュイーヌは回想している）、公的な場での規定された役割はないため、首席侍従や衣装部長の官職を兼任した。王太子が身支度する間、折り畳み式床几《タブレ》に座ることが許され、また国王からの指示を受けねばならないので、家族入室特権も手にしていた。複数の副教育係を指揮していたが、一七一七年、不可解なことに、副教育係たちは国王の馬車に同乗する権利を要求した。これは前例のないことだった。

酒類大管理官
Grand bouteiller de France

一二世紀、酒類大管理官の職は代々サンリス伯爵が占めており、ブテイェ・ド・サンリス（サンリスの酒類管理官）と呼ばれていた。最後の大管理官の妻は、夫亡き後も義弟や甥と親しく行き来していたが、「仲違いしたことなど一度もなかったにもかかわらず、理由もなしに」、甥の相続権を認めず病院にすべてを遺贈したため、一族は絶えた。

この官職は最高の部類に属していたのに、時代と共に重要性も威光も薄れてしまった。

大正餐
Grand couvert

大正餐では、楽隊（リュイーヌ公爵によれば、ヴァイオリン奏者二四人）は食卓のすぐ近く、国王の横で演奏していた。普段なら「とても心地よい」音楽も、王妃や王妃の近くに座っている貴婦人たちにとっては、「とても耳障り」だった。

貴婦人たちは王妃の居室でご機嫌伺いをし、その後居室を出て大正餐へ向かい、国王が座っている側から部屋に入る。あるとき、ポタージュが給仕された後にビロン大元帥夫人が到着したため、貴婦人たちは全員後ろに下がって、王妃の後ろの折り畳み式床几《タブレ》を譲らねばならなかった。主馬頭は目を丸くし、リュイーヌはその夜のうちにこの件をロアン公に知らせたが、ロアンはこれをごく当然と考えた。彼によれば、亡きルイ一四世時代、貴婦人たちは着席を許されてはいたが、いつも遅刻してきていたそうで、母スービーズ夫人などは、食事が半分まで進んだ頃になってようやく入室していたという。

スペインのグランデ
Grands d'Espagne

ルイ一四世は孫がスペイン国王に即位すると、スペインのグランデたちに公爵同輩衆と同格の地位と名誉を認めた。

一七〇三年、アルバ公爵はスペイン大使に着任したところだったが、夫人はほかの大使夫人らのように夫の王との初謁見が待ちきれなかった。彼女はヴェルサイユに到着するや、国王にすぐに会いたいと希望し、この感激を抑えるには太陽王にお目にかかるしかないと言い立てて特別謁見を願い出た。大使先導官サンクトは国王に彼女の希望を伝え、国王は

「ご婦人方にこうした謁見が許されるのは前例のないことだが」、執務室での初謁見を許可した。彼女は夕餐後にお忍びで、国王に正式な挨拶をすることになった。

王妃の存命中、フランスや外国の貴婦人は王妃の居室で国王にお目見えした。そこで初めて、公爵夫人たちは王妃の前で折り畳み式床几《タブレ》に座ることを許された。王妃と王太子妃が他界すると、公爵夫人たちに折り畳み式床几《タブレ》の権利が与えられる最初の場は国王の夕餐の席となった。

一七〇三年一二月二一日、サンクトと王太子妃の首席女官リュード公爵夫人、夫がスペインのグランデだったクーヴル大元帥夫人は、国王の執務室までアルバ公爵夫人に付き添い、その後待った。サンクト同様大使先導官を務めていたブルトゥイユは、これは何かの間違いだと思い、リュード公爵夫人はアルバ公爵夫人に付き添うのではなく、彼女より先を歩いて国王の執務室で待つべきではないかと考えたという。

夕餐後、国王が王太子や王太子の子たち、通年で働く首席侍従と近衛隊長を従えてやってきた。王は彼女に口づけをして敬意を表し、アルバ公爵夫人はスペインの貴婦人らしく感極まった。国王はずっと立ったままだった。

謁見は一五分間続いた。近衛隊長アルクール大元帥が国王の言葉をアルバ公爵夫人に通訳したが、国王はスペイン語を理解していた。謁見後、夫人はすぐに王太子妃と国王の義妹のところへ向かい、ドレスの裾に口づけした。その間も全員立ったままだった。というのも、アルバ公爵夫人にはまだ折り畳み式床几《タブレ》が与えられていなかったからである。本来なら翌朝にお目見えするはずだったが、翌日から宮廷がマントヴァ公爵夫人の喪に入るため、夜に繰り上げられたのだ。そうしなければ、王族の女性たちは正装の彼女を迎えることはできなかっただろう。

執務室への大入室特権

Grandes entrées de cabinet

夕餐後、国王は一時間執務室で過ごしてから、就寝する。彼は肘掛椅子に座り、内親王と王弟《ムッシュー》は折り畳み式床几《タブレ》に座る。王太子（グラン・ドーファン）を含むその他全員は立ったままだ。国王の子、非嫡出子、子どもたちの家庭教師シャマランドもいて、稀に国王付き医師が同席することもあった。「父からの襲職権で首席近侍だったシャマランドはあらゆる入室特権を手にしており、執務室への大入室特権も持っていた」とサン＝シモンは回想している。

大狩猟官

Grand louvetier

回想録を記したサン＝シモンの父クロードは、一六二八年から四三年にかけて大狩猟官を務めた。

ルイ一三世は、「角笛によだれの一滴も垂らさない」クロードをひいきにした。王の乗っている馬の横に替え馬を前後反対に持ってくることで素早く乗り換える方法を考案したのも彼だ。王は片足を軸にして回転するだけで、馬から降りる必要もない。おかげでクロードの運は大きく開けた。

フランソワ一世により創設された大狩猟官の職は、国王の任命を受けて誓いを立て、狩狼官に対して命令権限を持ち、自らの裁量で貴族の中から狩狼官を指名する。彼らは狼の出没する田園地帯で、狼狩りの組織を任されていた。

大狩猟官はいつでも国王が狩猟を楽しめるよう、宮廷の移動には必ず同行した。王太子（グラン・ドーファン）は狩りに夢中で、一六六六年の一年間だけで九六回も狼を狩った。

一六八四年、ウディクール侯爵がこの官職を購入した。彼の属していた社交サークルは「美しく、若く、あだっぽいが困窮している寡婦」、すなわちマントノン夫人を迎え、モン

狼狩りの首領、大狩猟官ウディクール侯爵は、マントノン夫人を宮廷に紹介したことで未来が開けた。

テスパン夫人に紹介した。こうしてマントノン夫人の運が開け、モンテスパン夫人と国王との非嫡出子の養育係に任命されたのだ。

マントノン夫人は苦しいときに手を差し伸べてくれた友人たちのことを忘れず、「放蕩者」のウディクール侯爵が大狩猟官に任命されたというわけである。ウディクール侯爵夫人は「グランド・ルーヴ〔「大きな雌狼」と同時に「大狩猟官夫人」を意味する〕」と呼ばれた。「恩恵の弁が開かれ」、一七一七年には摂政により、大狩猟官の襲職権が侯爵の「大酒呑み」の息子に認められた。往年の「色男」は官職の譲渡に際しわずかな報酬（保留勅許〔84頁参照〕）しか与えられなかったが、大きな見返りを得た。愛人の釈放である。一族は侯爵がこの愛人と結婚することを恐れて、国王の玉璽令状によって彼女を投獄していたのだ。

Grands audienciers

請願審査官

請願審査官は四分の一勤務だったため、四人いた。彼らの仕事は、貴族の称号を付与する授爵状の吟味である。

サン＝シモンはその中の一人、裕福なヴァン・オルトに言及している。彼は「完全に破産したのに認めようとせず」、ある日ベッドで息絶えているのが見つかった。「遺体あるいは薪のような何か」が急いで埋葬され、彼は「人知れずどこかへと旅立ったらしい」との噂が立った。

Grand Veneur
王国狩猟頭

一六七四年、王国狩猟頭の一人ロアン騎士は襲職権によって父から譲られた官職を、衣装部長を務めていたソワイエクール侯爵に売却した。騎士はその後間もなく大逆罪で斬首された。

侯爵が他界すると、官職はラ・ロシュフコーの手に渡った。ラ・ロシュフコーは「裕福だったのに、近侍に騙されて困窮し、惨めな暮らしを送っていた」が、官職のおかげで収入は四万二〇〇〇リーヴル増額した。

ℋ

Historiographes du Roi
王室修史官

一六七七年、ラシーヌとボワローは、メズレイとペリソンの後を継いで王室修史官に就任した。

以前からマザランとルイ一四世は力にものを言わせて、王政に都合のいいフランス史を記そうと考えていた。しかし同じ宰相といえど、マザランとのちのコルベールとではやり方が正反対で、前者は王室修史官を優遇したのに対し、後者は年金を取り上げた。たとえばコルベールは、メズレイが記した歴史をあまりに大胆と断じた。メズレイは四〇〇〇リーヴルの年金が危ういと見るや、コルベールの癇に障ったことは自分にとって「大変な苦痛」であり、「恐ろしい雷の一撃」と述べ、今後は卑屈なシャルル・ペローに一語一語を確認させると約束した。だがその後発表された『時系列概要』で削除された項目はほとんどなく、怒ったコルベールは彼の年金を無効とした。

一方、ラシーヌとボワローは怠慢だった。ある日、国王は戦場に参上しなかった二人に不満を述べたが、ラシーヌは「仕立て職人があまりにも遅かったのでございます。我々は軍服を注文しておいたのですが、納品されたときには陛下が包囲されていた町はすでに陥落しておりました」と弁解した。彼は官職と、自らの身分をわきまえた「廷臣」としての慎ましい振る舞いのおかげで、毎週金曜日に王との会見を許されていた。

国王に近い者たちは、天気の悪い金曜日の午後はマントノン夫人の居室に集まっていた。国王は大臣を呼ぶこともなく、暇つぶしにラシーヌを来させていた。眠れないときには、プルタコスの本を朗読させることもあった。だがある日、ぼんやりとしていたラシーヌは、うっかりスカロンの名を口にしてしまった。スカロンはマントノン夫人の体が不自由な前夫だ。ラシーヌと話していた国王とマントノン夫人はぴたりと口を閉ざし、彼に目を向けようともしなかった。ラシーヌはすっかり気落ちし、二年もしないうちに他界した。

臣従礼
Hommage lige

封臣の誓い（臣従礼）では、封臣は剣、手袋、帽子を首席侍従に差し出して、いわば尊厳の印を手放す。だからこそ、首席侍従はこれらを預かるわけでも返すわけでもなく、首

王室修史官ラシーヌは、戦場にいた王に合流しなかった。曰く、原因は仕立屋だとか……。

席近侍に差し出し、封臣は誓いが終わると近侍の手からこれらを受け取るのである。「ロレーヌ公の臣従礼もこうして行われたそうだ」とサン＝シモンは記している。

オヌール
Honneurs

ここで言うオヌール（栄誉）とは、王妃の身支度の終わりにサルヴと呼ばれる金メッキが施された小皿に入れて差し出されるハンカチ、手袋、ヴェール、扇子、ポケットに入れる小箱を指す。食卓以外でのグラスやナプキンも、「オヌール」として差し出されるもの

王妃の身支度の終わりには、ハンカチ、手袋、ヴェール、扇子、ポケットに入れる小箱が、サルヴと呼ばれる金メッキを施した小皿に入れられて差し出された。

の一つだ。オヌールを差し出すのは、同席者の中でもっとも古い家柄の公爵夫人で、シュミーズやタオルも差し出す。オルレアン公爵夫人はたいてい朝の儀式でオヌールを差し出していたが、夜は億劫がってこれを避けていた。

国王の孫にオヌールを差し出すのは侍従頭で、侍従頭が不在の場合は首席侍従や首席女官が代わりを務めた。親王や内親王にオヌールを差し出すのは、首席近侍と首席侍女に限られていた。

Honneurs du Louvre
ルーヴルの栄誉

この栄誉《オヌール》はルーヴル宮殿の第二の中庭まで馬車を乗りつける権利を指し、女性たちにとっては、王妃の前で折り畳み式床几《タブレ》に座る特権を意味する。

ヴァロワ朝時代は馬車で乗り入れるのではなく、国王の子たちだけが馬に乗ったまま王宮の中庭に入ることができた。親王はこの特権を独断で手にし、その後大元帥アンヌ・ド・モンモランシー、さらに、公爵、外国王族、王家に仕える高官も取り入れた。彼らは「特権保有者」の一団を構成していた。

一八世紀になると、栄誉《オヌール》はスペインのグランデ、枢機卿、聖職者同輩衆、大使、一部の大元帥にも拡大された。駕籠にも同様の特権が適用され、ルーヴルの栄誉を許されている者だけが、お仕着せの使者が運ぶ駕籠で王宮中庭に入ることができた。

Honneurs du manteau
マントの栄誉

王家の喪の間、国王やその子、孫たちを訪ねる者は大マントを着用する。男性の大マントは長く、トレーンの長さは王太子では四ピエ〔一ピエは約三二センチメートル〕、王弟《ムッシュー》では三ピエ、親王では二ピエ、外国王族、公爵、大元帥、官職保有者や政府高官では三〜四ドワ〔一ドワは約一・八五センチメートル〕だ。女性は喪のヴェールを着用する。モンパンシエ女公は、イングランド風ヴェールを「かなり小さく」「窮屈な喪服」と呼んで嫌っていたが、彼女の父である王弟《ムッシュー》は「こうした規則を好み、几帳面に守っていた」

公爵は家紋をマントにあしらうことができた。彼らは長いマント姿で国王の子たちを訪問していたが、親王を訪れるときにはこれを着用してはならなかった。そこで親王たちは、国王の縁戚で親王の筆頭を占めていた大公殿《ムッシュー・ル・プランス》コンデ公アンリ三世が他界したときに、マントの栄誉を手にしようと画策した。公の息子、公爵殿《ムッシュー・ル・デュック》コンデ公ルイ三世は、明日弔問客を迎えるが、マント着用の者だけに限ると発表した。「金曜日、彼は日がな一日待った。コンティ公もメーヌ殿〔それぞれアンリ三世の義息〕も自分の居室で待った。だが誰も来なかった。特権を持たない者が二、三人来たが、マントを着用していなかったので拒否された」とサン＝シモンは回想している。

公爵殿《ムッシュー・ル・デュック》は「引っ込みがつかなくなり」、王に、大マントを着用して訪問するよう非嫡出子トゥールーズ伯爵にご指示いただきたいと頼み込んだ。親切な伯爵はこれに従った。

フランス国王の子が亡くなると、人々はマントを着用して敬意を表した。

以降国王は親王たちの他界時には主馬頭を、公爵たちの他界時にはボーヴィリエ公爵を送り込まねばならなかった。

その前年にも同じような状況が起こったが、アルマニャック伯爵ルイ・ド・ロレーヌは抵抗した。彼は子たちには長いマントを着用させて送り出したものの、自分は「やもめは国王のもとにしか伺わない」として訪問を避けた（彼は一七〇七年に妻を亡くしていた）。だが一七〇九年の時点では、国王が譲歩するつもりはないことは明らかで、人々は弔問に行かざるをえなかった。土曜日の午後、まるで示し合わせたかのように弔問客が訪れたが、あまりに無作法で侮辱かと思われたほどだった。喪の胸飾りではなくレース付きスカーフを巻いている女性、喪のヴェールの下にコルレット〔襟飾り〕を巻いた女性、さらには髪に色のついたリボンを留めた女性さえいた。一方、男性は白や赤のタイツや粉を散らしたかつら、白い手袋姿だった。色のついた糸で縁取りした手袋を着用している女性もいた。つまりは、「露骨な芝居」だったわけだ。彼らは部屋に入ると軽くお辞儀だけして、一言も言わず、互いに目を合わせて薄笑いを浮かべ、退出した。親王が彼らに付き添い、黙ったまま控えの間まで送った。彼らはまだ人の目があるというのに、マントを投げ出した。到着した者は、ぎりぎりになってからマントを羽織り、それも曲がっていた。それでも親王は「自らの勝利に満足」だった。マントを着用しないまま来る者がいるのではないかと危惧して、ご丁寧にも入り口に何着も用意しておくほどの念の入れようだった。かくしてマント着用の規則は切り崩された。「まがい物のマントなどという常軌を逸した悪習は、根源から断絶した方がよい。着たい者は着ればよい。自分はロレーヌ一族だと主張して着る者もいれば、父が公爵位を約束されたと言って着る者もいる。皆、最初は意にも介さないが、ついには権利として成立するのだ」とサン＝シモンは述べている。

喪中の公爵には、国王から侍従を介してお悔やみの言葉が送られてくる。ガスコン青年隊に属していたローザン公爵は国王の従姉妹でフランスきっての資産家グランド・マドモワゼルと結婚を約束した人物だ。彼女の死に際し、公爵は大マントを着用して国王のもとを訪れ、彼女と秘密裏に結婚していたことを暗に知らしめた。この件は宮廷人の顰蹙を買い、不当と断じられた。かつてローザンはグランド・マドモワゼルとの結婚に反対されてピニュロルの牢に投獄されたが、彼女は彼を釈放させたい一心から、国王の非嫡出子メーヌ公爵に財産の半分を譲った。二人は再会を果たしたものの共同生活はしっくり行かず、口論ばかりで、「いやというほど」殴り合ったこともある。彼はひざまずいたまま回廊を進み彼女に赦しを乞うたが、一六八四年、彼女は遺言状を書き換え、二度と彼に会おうとしなかった。死に際でさえ、面会を拒否した。

大使用迎賓館
Hôtel des ambassadeurs

スペイン大使ラ・ミナ侯爵が帰国の謁見もなしに大使用迎賓館〔現在のパリ六区トゥルノン通りにあった〕を去ったときには、パリ中の「噂」の的になった。大使は昔からつねに戦場で戦う方を選んできたし、そう望んでもいた。大使用迎賓館のしきたりは「立派ではあったが、ずいぶんと煩わしい」。毎日昼食会や夕食会を催さねばならず、国王の召使頭が食卓を整える指示を出し、大使と食卓を共にしていた。そのため、大使は「皿が供されるごとにお世辞を言わねばならない」。召使頭は大使の命令なしにはテーブルを下げようとせず、大使は召使頭の指示なしにはテーブルを下げさせようとしなかった。国王に仕える召使たちが、帽子をかぶったまま飲み物をサービスし、三四人のサン・スイス所属兵、三〇人のサービス係、四人の扉番が配属されていた。

王太子妃用の聖体
Hostie choisie

一六八五年四月一六日、王太子妃は教区で「復活祭を祝った」が、奇妙な出来事が起こった。ミサでパンとブドウ酒を聖別する際に、従者が王太子妃用の聖体をうっかり出し忘れたので、聖別をやり直したのだ。

馬車用カバー
Housses de carrosse

公爵夫人たちは馬車の椅子を緋色のカバーで覆うことを許されており、二本の手燭で明かりを取ることができた。

ルイ一四世の成婚時、大コンデ公は内親王たちの馬車の椅子のカバーを、公爵夫人たちのように単にかけるのではなく、国王の直系の娘や孫娘と同じく鋲で留めたいと申し出た。王弟《ムッシュー》は断固反対し、気を悪くした公は内親王たちの馬車からカバーを外させ、内親王たちは悔し紛れにその後何年にもわたって、馬車用カバーの特権を蒸し返した。のちに大元帥夫人らが勝手にこの特権を使おうとすると、公爵夫人たちも便乗したが、内親王たちは決してカバーをかけることはなかった。

Incognito
身分秘匿

身分秘匿という「奇妙な風習」を宮廷に持ち込んだのは、王弟《ムッシュー》の助言を受けたロレーヌ公で、一度前例が作られるやもはや誰もこれを止めようとせず、サン＝シモンは「何とも尊大な振る舞い」と顔をしかめた。結果的に、この習慣はずいぶんと増長した。

一六九九年、ロレーヌ公はバル公として封臣の誓い（臣従礼）を立てに宮廷に上がった。ロレーヌ公は統治権を持たない王族だが、昔から親王と同等の地位を要求していた。親王は王の縁戚であることから、どこへ行っても王ではない君主〔外国王族〕に対して優先権を持っていた。サン＝シモンはその一例として、ロレーヌ公の父シャルル五世を挙げている。彼は神聖ローマ皇帝レオポルト一世の義弟で、軍の指揮を執っていたが、同じ軍に所属していた国王の縁戚コンティ公らに指揮を譲った。

サン＝シモンはサヴォイア公カルロ・エマヌエーレ一世についても言及している。ある朝カルロはフランス王アンリ四世の起床の儀に向かったが、コンデ公と同時に到着した。

宮廷で「雅やかなお忍び」と言えば、夫が戦場に行っている間、妻が仮面で顔を隠して、「お忍び」で町に出ることを意味していた。

二人が扉の前で止まると、着替え中の王は「甥よ、通るがよい。サヴォイア殿はそちが目上であることをよく知っているはずだ」と声をかけて、コンデ公が先に入室した。

ロレーヌ公の要求をかわすため、王弟《ムッシュー》は「完璧なお忍び」作戦を練った。実際のところ、公的な目的で来ているのに、ポン＝タ＝ムソン侯爵の肩書を使うなど滑稽だ。しかも彼は王弟《ムッシュー》のパリの居城パレ＝ロワイヤルに滞在する上に、身分の低い者たちの好奇の目にもさらされる。だが王弟《ムッシュー》は恭しく国王に、「公爵は陛下の命令下にありますが、陛下はご自分の庶子に親王の身分を与えられました、それなのにロレーヌ公に庶子への敬意を強いては、狭量と言われかねません、かといって敬意を強いなければ、庶子の方々の立場を危うくしかねません」と述べた。

国王はすぐに彼の言わんとしていることを理解し、お忍びを許した。お忍びなら、「訪問をしたりされたりすることも、体面を保つための特権も」避けることができる。実際のところ王弟夫妻は、ロレーヌ家にはどんな要求でもする権利があると考えていた。王弟妃《マダム》エリザベート・シャルロット・ド・バヴィエールはその出身柄、ロレーヌ公をドイツの親王、すなわち自分より格上と考えていたし、男色家の王弟《ムッシュー》はロレーヌの騎士に夢中だったからだ。幸いと言おうか、先王ルイ一三世の孫娘に当たるロレーヌ公夫人が天然痘にかかったため一層お忍びの必要性が増し、親王の優先権にまつわるあらゆる問題は落着となった。

お忍びは奇妙な慣習ではあるが、一度実行されるやあっという間に広がった。小国の親王も例外ではない。マントヴァ公爵はかつて首都カザーレを太陽王に売却することで(「あまりに自発的に」売却したので、反逆者とそしられた)、スペイン継承戦争中のフランスに「イタリアの鍵」を渡したため、王から厚遇されていた。こうした背景のもと、彼は身分秘匿の許しを得て、長年にわたり利用した。

妻を亡くしたばかりのマントヴァ公爵フェルディナンド・カルロ・ゴンザーガ＝ネヴェルスは、一七〇四年に後妻探しにパリにやってきたが、容姿端麗とは言い難かった。「小柄で膝がずいぶんと内側に曲がり、背は丸く、額が桁外れに広くて、片目はたいていい――特にものを見つめる時は――閉じている。もう片方の目はきょろきょろしている。長くて尖った鼻で、下唇はずいぶんと厚く、顔は狭い」。つまりかなり特徴的な顔立ちで、「ドイツ系オーストリアの家系の典型」である(マントヴァ公爵には半分ハプスブルク家の血が流れていた)。サン・サルヴァトーレの偽名を使い身分を秘匿していたが、フランスでは行く先々の町で祝砲で迎えられた。方々で贈り物を受け取ったが、演説はなしだ。「お忍びの者にはそうしたことは許されていない」からである。

彼は八〇人のお付きの者を従えてパリに到着し、そのほとんどは大使用迎賓館に宿泊した。公爵自身はリュクサンブール宮殿に滞在し、王室家具保管部長官が豪華な調度品を手配した。外務卿トルシー侯爵が費用を負担して（マントヴァ公爵は身分を秘匿しているため、国王は宮内府職員を派遣できない）、公爵に三台の喪用馬車（亡夫人に敬意を表して）と三台の金塗り馬車、計六台がつけられた。この馬車は中庭に乗り入れられる（「ルーヴルの栄誉」〔196頁参照〕）。公爵は「食卓盆」（金メッキの施されたカトラリーを入れた安全な小箱）なしで一人で食事がしたいと希望したが、一二人で食事ができるよういつでも食卓が整えられていた。

大使先導官ブルトゥイユが強調するには、国務卿が費用を負担してお忍びの親王を迎えるのは初めてのことである。トルシーはコルベールの弟に当たる父から、襲職権によりこの職を継いだ。ブルトゥイユは、マントヴァ公爵は国王の前で帽子を脱いだまま否かについて、「国王用覚書」を記した。たとえば一六九九年にはロレーヌ公は帽子を脱いだままだったが、一六九三年にシャルヴェンブルク伯爵の名でお忍びでやってきたデンマーク王太子は、国王から帽子をかぶるよう言われた。

国王はブルトゥイユを呼び寄せて、「儀典に関するあらゆる疑問や厄介事、着席に関する不都合を避けるため、身分秘匿は守り抜かねばならぬ」と伝えた。こうしてヴェルサイユでの謁見では、帽子をかぶるか否かで議論になることはなかった。ブルトゥイユ曰く、「帽子をかぶらねば、身分秘匿が一層明確になる」し、「こうした場ではゼロか否かに徹することが肝心である。つまり、徹底して儀礼を守るか、徹底して身分を秘匿するかである」。さらに国王は公爵をつねに右に置き、公爵が敬意をもって国王に先を譲るときも、国王は「親切にも」彼の横に並び、「身分秘匿を強調した」

王太子（グラン・ドーファン）はムドンの自分の城での昼餐に公爵を招待したいと考え、ブルトゥイユに、後々優先権に関する前例を作らずに公爵の身分秘匿を守るにはどのようにすべきかを尋ねた。ブルトゥイユは覚書を作成して、王太子に送った。王太子は食卓で、全員帽子を脱いでよしと宣言し、身分秘匿のもたらす自由のおかげで、食事は「いつもよりも朗らかに進んだ」（ブルトゥイユは、食卓で帽子をかぶったままでいるのが敬意の印とされるのはフランスだけだと嘆いている）。

大使たちは教会でマントヴァ公爵に会ったが、スペイン大使だけは、グランデはマントヴァ公爵ほどの身分の者を殿下と呼ぶ習慣はないとして、会見を拒否した。身分秘匿を利用して、公爵のことをサン・サルヴァトーレ侯爵と呼ぶことも当然できたはずだが、スペイン大使の言葉を耳にした公爵は、殿下と呼ばれることにこだわり、二人が会見することはなかった。

王太子妃は「たった一五人の女官」を従えて彼を迎えたが、「自然に」――すなわち本当に――病気だったため、ベッドにいた。そのため公爵は彼女のドレスの裾に口づけする必要はなく、彼女も公爵を扉のところまで見送る必要はなかった。それ以外、公爵は儀礼的訪問を避け、「卑しい」若い女性たちの「後宮」に通い、妻を見つけた。後妻は当代きっての美女エルブフ嬢で、彼より三四歳年下だったが、二年後に別れた。

パリではお忍びにもかかわらず、フランスに忠実な公爵に一言でも挨拶しようと多くの人が詰めかけた。だが彼が残した印象は、「鷹揚な人物像」とはほど遠かった。これと対照的だったのが、一六九二年に「お忍び」でやってきたデンマーク王太子で、彼はセーヌ通りにある故王妃マルグリット・ド・ヴァロワの館の居室に滞在した。王は立ったまま彼を迎え、彼は帽子を脱がず、フランス王太子は二人きりになると、右側の座を譲り、肘掛椅子を勧めた。

さらに「雅やかなお忍び」もある。夫が戦場に行っている間、妻たちは「待ちきれない気持ちを抱えて」留守を預かった、とセヴィニェ夫人は娘に書いている。手紙には、王弟妃《マダム》とモナコ夫人は男友達を作るために外出したとある。「王弟妃《マダム》はお忍びで通りを回り、テュイルリー庭園を散策しました。けれども名誉を重んじる気などなく、威厳など少しも気に留めませんでした」。ただしセヴィニェ夫人は、美しく「ソルベのようにみずみずしい」モナコ公妃が夫のことを「少しも愛していないし、洗練されてもいない」と語ったこと、夫のいないところで楽しんでいたことには触れなかった。

Intendant des machines du Roi

国王付き機械類長官

音楽家リュリはオペラ上演権を手に入れた。彼はすぐさま舞台の機械や装置を製作するカルロ・ヴィガラニをシャルル・ペローのもとに送り（のちに数々のおとぎ話を書いたペローは当時、国王建築物部総監だった）、オペラ上演のためパレ・ロワイヤルの大劇場を使わせてくれるようコルベールに依頼した。

ペローはコルベールに、ローマ皇帝たちは余興やスペクタクルを通して人民の安寧を維持しましたが、昨今はそうはいきませぬ、しかしパリ市民が彼らの親王の宮殿でこうした娯楽を見物できれば、ずいぶんと喜ぶでしょうと伝えた。コルベールは「貴殿は雄弁だ」と微笑んだ。彼は王に伺いを立て、王は許可した。

Introducteur des ambassadeurs

大使先導官

大使先導官ブルトゥイユは、一七一五年のペルシア大使訪問にはずいぶんと悩まされた。

大使メフメト・リザは「キリスト教徒を迎えるためになど、決して立ち上がらぬ」と公言してはばからず、「火よりも」恐れられていた。小柄な彼のことを、ブルトゥイユは「太った猿」と呼んでいる。彼は国王との謁見を計画するため、リザ邸を訪れた。リザは暖炉の近くでペルシア絨毯と厚さ三プース〔一プースは約二・七センチメートル〕のマットレスのようなものの上に横になっていた。当惑したブルトゥイユが肘掛椅子に座ると、リザはすぐに胡坐をかいた。ブルトゥイユは帽子を脱いだが、これは大した問題ではなかった。というのも、「マホメット〔イスラム〕教徒が決してターバンを取らないことも、頭を覆ったまま会話をするのが特に大使の権利というわけではないことも」周知の事実だったからだ。

　交渉は難航した。リザは、外務卿トルシー侯コルベールはスルタンの大宰相と書簡を交わしていると信じており、国王との会見を望んだ。だがキリスト教徒と馬車に乗る（「箱に閉じ込められる」）のはご免だ。近くに座ろうものなら、接触してしまいかねない。日取りについては、二月の月が出る日は避けねばならない。というのも「千の災いのうち、〔この時期に〕九九九が起こるから」だ。けれどももう一月も終わりに近づいている。リザは本を調べて、二月七日木曜日なら幸先がよさそうだと答えた。ブルトゥイユは彼に、キリスト教徒のために立ち上がったなどと言われぬよう当日は立ったまま待ち、馬車が着いたらすぐに乗り込むようにと伝えた。だが当日、リザは謁見も馬車も嫌だとばかり、庭から抜

大使先導官ブルトゥイユは、宮廷作法（エチケット）の達人だったが、ペルシア大使メフメト・リザの常軌を逸した振る舞いは、あわや暴力沙汰を引き起こすところだった。

け出して馬に乗った。ブルトゥイユは追いかけて手綱をつかみ、降りるよう言った。怒ったリザは隣の馬上の小姓に、剣をよこせと命じた。治安監督官ダルジャンソンが派遣した部隊も控えており、ブルトゥイユは馬上の海軍憲兵に門を閉めるよう命じた。

フランス語を少々解するリザは投獄を恐れて邸内に逃げ込み、肘掛椅子に身を投げ出し、銃を持った六人の部下に目配せしてブルトゥイユを囲ませた。ブルトゥイユは激怒し、通訳を介して、「笛の一吹きで六〇〇、いや六〇〇〇もの」小銃兵を突撃させることもできると述べた。そしてリザの襟をつかみ、立ち上がらせた。暖炉にしがみついたリザもようやく立ち上がって進み、馬車の中に身を投げ出した。「そのあまりの激しさに、(その場にいた)親王の侍従が二、三人ほど転倒した」

謁見は支障なく進んだ。後日、ブルトゥイユとトルシーはお忍びで前触れもなくリザを訪問した。折よく、リザは祈禱を挙げるために金の衣装を脱ぐところだったので立っており、長衣に袖を通していた。

その後、女性も大使を訪問するようになったが、リザはつねに絨毯に座って、タバコをふかしていた。彼は慎重に女性客と男性客を分け、女性たちには踊ってほしいと頼んだ。「当初はとりわけ身分ある女性や娘たちが、このような不適切なへつらいを受けた」とブルトゥイユは嘆いている。

彼はヴェルサイユ滞在中ずっと、キリスト教徒の食べ物を避けて生の果物しか食べなかった。彼が立っている姿を見せるのはシャン・ゼリゼ通りで投げ槍をしているときくらいだったが、ここでも再び問題が持ち上がった。ある日、彼の召使の一人が、モリニーという名のフランス歩兵隊中尉に軽く接触した。気を悪くしたモリニーは店で「トリコ」と呼ばれる太くて短い棍棒を買い、召使をいやというほど打擲した。召使は血まみれのままリザの足元に身を投げ出し、リザはブルトゥイユを呼び、自分はドン・キホーテのように、「この問題が解決するまで一切ものを口にしない」ことにしたと言い渡した。モリニーは「木の葉よりも震えながら」リザの前に連れてこられた。リザは即座に両手を斬ってやるところだが、ブルトゥイユに免じて許してやろうと言い渡した。死人のように蒼白になったモリニーは、フランス人の手で投獄された。

Jeux de représentation

顕示のゲーム

ランスクネやキャバニョロなどの「身分を顕示するゲーム」では、普段は国王や王妃の前で座る権利のない女性でも、折り畳み式床几《タブレ》や折り畳み椅子に座ることができる。

ある日、大居室でブルノンヴィル夫人がランスクネ遊びに同席し、ゲームをしている人たちの後ろに座っていたところ、王弟妃《マダム》から、ゲームに参加されていないようだけれども、カードにお金を賭けていらっしゃるのかしらと尋ねられた。夫人は深く考えもせず、いいえと答えた。すると王弟妃《マダム》は「ではなぜここに座っていらっしゃるのです」と聞いてきた。夫人は立ち上がってお辞儀をし、その後二度と宮廷に姿を現さなかった。

普段は権利のない女性でも、ゲームの間は王妃の前で折り畳み式床几《タブレ》に座ることが許された。ただし賭けをすることが条件だ。

Justaucorps à breVet
勅許状による細身のコート《ジュストコール・ア・ブルヴェ》

ルイ一四世はラ・ヴァリエール夫人に夢中になっていた頃、サン＝ジェルマンからヴェルサイユへの小旅行で、赤い裏地のついたブルーの波模様の軍用マントを得意げに着ていた。マントには金銀の糸で「見事で、特徴的な図案」が刺繡されていた。

一六六二年、一二人（その後四〇人になった）の宮廷人がこれと同じ細身のコート《ジュストコール》を着る権利を得た。喪中でも着てよいが、大喪の時はご法度だった。金糸や銀糸の刺繡が禁止されていた時代も、この権利はなくならなかった。官職に空きが出ると、国王はすぐに新任者を指名し、指名された者には宮内卿から勅令が発行された（この勅令は、高等法院には記録されない）。軍用マントが「勅許状による細身のコート《ジュストコール・ア・ブルヴェ》」と呼ばれるようになったのはこのためである。

ビュッシー＝ラビュタンは国王からいろいろと特典を引き出そうと、手始めに青い軍用マントの着用許可を願い出た。しかし努力の甲斐も空しく、国王を誹謗する文書を書いたと糾弾され、生涯追放されることになる。ルイ一四世の親政初期、英雄、名うての誘惑者として知られたヴァルド侯爵は、エーグ・モルトで一八年の追放生活を送った末の一六八三年に、宮廷復帰の許可を得た。だがすっかり「錆びついた」彼の田舎じみた振る舞いに、人々の目は釘づけになった。本人は青い細身のコート《ジュストコール》で国王にお目見えするのがよかろうと思い込んでいたが、この特権はとっくにすたれていて、新世代の宮廷人の冷笑を買った。

国王は先頭を切って彼を揶揄し、ヴァルドは語り草となる一言を口にした。「陛下、陛下から離れるまでに落ちぶれた者は、不幸であるばかりか滑稽でもあるのです」。彼はさらなるへまをした。王から「まるで若い宮廷人のように」王太子に紹介されて、うっかり挨拶をしようとしたのだ。すると王は笑いながら、「ヴァルドよ、しくじったな。余の前ではいかなる者にも挨拶してはならぬことくらい、知っているだろう」と言った〔234頁参照〕。

ヴァルドはそれでも国王の「ご機嫌伺い」を続け、友人の助言に従って、国王の遠出に同行した。宮廷のしきたりを忘れた彼のしくじりを許すことは、「今日の善行」と呼ばれるようになった。

青い軍用マント、勅許状による細身のコートを着用していれば、国王の遠出についていくことができた。

L

Laver
手を洗う

親王は公爵との違いを見せつけるために、彼らと一緒に「洗う」ことをやめた。つまり、公衆の前で食事前に一緒に手を洗うことである。

手を一緒に洗うことは同等の印であった。フランス国王の息子や男孫は一緒に手を洗わない。一六七九年には、王弟《ムッシュー》はハノーファー選帝侯妃ゾフィーにナプキンの半分を差し出して一緒に手を洗うことで、対等であることを示した。

Lit de la Reine
王妃の寝台

治安監督官の息子ダルジャンソン侯爵は、「王妃の命は国王陛下に次ぎもっとも大切で重要であるからには、王妃の寝台には国王以外何者も横になることはできない」と述べている。

ある日、ルイ一四世の姪の娘ブルゴーニュ公爵夫人が、マントノン夫人の居室にいるときに気分が悪くなった。自室に運べないほどつらそうな様子だったので、マントノン夫人は大急ぎで、「特権侵害を防ぐため」いくつかの膝用クッションをソファの上に置いた。ダルジャンソンによれば、これこそが「国王がこの女性と結婚したことの確かな証」である〔ルイ一四世とマントノン夫人はひそかに結婚していたと言われている〕。

一六二五年にルイ一三世妃アンヌ・ドートリッシュが寝台に横になったまま（本人曰く、瀉血をしたそうだ）、美男のバッキンガム公爵を迎えたときには、一同は何かよからぬ目的があるのではないかと疑った。

筆頭女官ボワシエール夫人は一時たりとも王妃から目を離さず、王妃の部屋付きの侍女も召使も全員、バッキンガム公の一団が退出するまで部屋にいた。公はずいぶんと長居した。「礼儀作法上、こうした身分の者が許されるよりもずっと長い間」いたそうだ。

休息用長椅子

Lit de repos

国王が長椅子から起き上がれない病人を見舞うときには、横にもう一台ベッドが用意され、国王はそこに横になる。

ルイ一三世が絶対安静のリシュリューを見舞ったときもそうだ。ナルボンヌにいた王はタラスコンでリシュリューを見舞ったが、二人とも横になったまま長時間話し合った。ルイ一四世がヴィラール大元帥を見舞ったときも同様だった。

一六八六年一〇月二日、サイアム大使と内親王との謁見が整えられ、内親王はベッドに横になったまま一同を迎えた。大使の一行は背もたれと肘掛のついた椅子を勧められたが、立ったままだった。

国王が長椅子から起き上がれない病人を見舞うときには、横にもう一台ベッドが用意され、見舞いの間国王はそこに横になる。

M

Madame le Grand
マダム・ル・グラン

一七六一年九月八日、ムッシュー・ル・グランと呼ばれる主馬頭の官職が女性の手に渡った。以降、彼女——ブリオンヌ夫人——はマダム・ル・グランと呼ばれることになる。

ブリオンヌ伯爵は自分の死が近いことを予感し、まだわずか九歳の息子の身を案じた。そこで彼は国王に願い出て、二世紀にわたり一族が担ってきた主馬頭の官職を、息子が成人するまで妻に譲る許可を得た。だが会計監査院は難色を示した。それまで女性が支払い明細表に署名することなど、一度たりともなかったからだ。そこでブリオンヌ夫人は前例を持ち出した。トゥールーズ伯爵夫人は、ご子息パンティエーヴル公爵が成人するまで、提督の職を務めたではありませんか、と。二八歳のブリオンヌ夫人は見事な手腕を発揮して事務処理も儀典もこなした。ムッシュー・ル・プルミエと呼ばれる主馬寮長から特権を奪回しようとさえした。彼女は特権が「侵害された」と言い、主馬頭は主馬寮長に対し、つねに優先権があるはずだと主張した。だがルイ一五世は、「侵害は昔にさかのぼり」「余

1761年、ムッシュー・ル・グランと呼ばれる主馬頭の官職が女性の手に渡った。

は祖先たちのなしたことを破棄することは望まない」として要求を一蹴した。息子ランベスク公が成人すると、ブリオンヌ夫人は「一片の未練もなく」官職を譲った。

Madame Troisième
三番目のマダム

フランス国王の息子たちが署名するときは、王同様、姓ではなく名だけを記していた。未婚の王女たちは洗礼名で呼ばれていた。だが、子だくさんだったルイ一五世の王女たちは生まれた順番に応じて数字で呼ばれ、「三番目のマダム」「五番目のマダム」などとあだ名されていた。

Mademoiselle
マドモワゼル

フランス国王の孫娘たちは、「マドモワゼル」とそれぞれの身分を組み合わせた名で呼ばれていた。単に「マドモワゼル」と呼ばれる特権を初めて手にしたのはルイ一三世の弟ガストンの娘、モンパンシエ女公で、「グランド・マドモワゼル」と呼ばれた。実際彼女はフランスきっての資産家だったにもかかわらず、未婚のまま生涯を閉じた。

当然ながら、グランド・マドモワゼルは自らの特権に固執していた。スペイン王妃イサベルのための記念式典で、フランス王妃アンヌ・ドートリッシュは親王アンギャン公爵に、公爵夫人を王族であるグランド・マドモワゼルと同等に扱ってよいと言い渡した。この二人の高位の女性はトレーンを着用することになっていた。

気分を害したグランド・マドモワゼルは仮病を使ったが、王弟《ムッシュー》から出席を強制された。彼女は断固として抗議し、泣き、自分と内親王の身分差を大声で数え上げた。曰く、王宮で天蓋を使うこと、タペストリーを鋲留めした馬車、折り返しのついたショースと呼ばれるタイツ風ズボンをはいた従者、自分は肘掛椅子に座って、内親王たちには背もたれのついた椅子しか勧めないこと。それでも王妃の決定を覆すことはできず、挙句には修道院送りにすると脅された。

しかし、王弟《ムッシュー》は考えを変えた。我が娘の言うことはもっともだ、と。彼は王妃に腹を立て、三日間、シャンボールに所有する城に引きこもった。

大元帥
Maréchaux de France

国王は「取るに足らぬ」と強調した。身分も宮廷作法《エチケット》も収入にも変化はない。前例になるわけでもない。だが今は戦時中であり、大元帥はテュレンヌに従わねばならぬ。テュレンヌは一六六〇年以降、フランス大元帥として軍に勤めていた。

一六七二年四月六日、ルイ一四世はネーデルラント連邦共和国に宣戦布告した。その二日後、セヴィニェ夫人は娘にこう書き送った。「国王は王弟《ムッシュー》に、王弟《ムッシュー》は大公《ムッシュー・ル・プランス》殿に、大公《ムッシュー・ル・プランス》殿はテュレンヌ氏に、テュレンヌ氏は二人の大元帥（ユミエールとベルフォン）とクレキ大元帥の軍に命令を下します」

国王はこの件についてベルフォンと話し合った。国王としてはベルフォンをテュレンヌに従わせたかったのだが、ベルフォンは「前例のない」服従のせいで名誉を失うことになどなれば、国王から賜った栄誉に我が身は値しません、と反論した。

国王は誠意を込めて、よく考えて答えを出すがよいと言い渡し、親愛の証を見せよ、さもなくば失脚しかねないと伝えた。「大元帥は、自分がどのような立場に立たされているかはわかっておりますし、陛下のご厚意や我が運を失いかねないこともわきまえておりますが、名誉を失うよりは不興に甘んじましょうと答えました。そしてテュレンヌ氏に従うということは、とりもなおさず、ありがたくも国王から拝賜した顕職の価値を損なうことになるのですと答えました」。国王は「大元帥よ、つまり我々は袂を分かつことになるな」と言った。大元帥は深くお辞儀をして退出した。彼はトゥールの町に送られて、王家に仕える「宮内府一覧」から削除された。セヴィニェ夫人は娘に、「彼には五万エキュの負債があり破産しましたが、満足なさっていました。トラップの町へ行く（すなわち修道院に入る）のは確実と誰もが考えております」と書き、気の毒な大元帥に手紙を書くよう勧めた。

その間、ユミエール大元帥はクレキの判断を待って、姿を現さなかった。「彼〔クレキ〕は直接回答を伝えに、軍の駐屯先からやってきて、一時間国王と話し合いました」。グラモン大元帥が呼び出され、大元帥の権利について主張を披露した。それによれば国王は、「名

大元帥はルーヴルの栄誉や、大使の謁見で正方形のクッションを使う権利を手にしていたが、これは世襲の特権ではなかった。

誉」を重んじ、国王に反論する危険を冒してまで威厳を守ろうとする者と、大元帥の身分を恥じて、行く先々で隠し、侮辱と見なし、親王として指揮を執ろうとする者（テュレンヌ）のどちらかを選ばねばならない。結局、「クレキは地方にある自分の領地に追放され、キャベツを育てる日々を送る」ことになり、ユミエール大元帥も同じ道をたどった。ションバーグ伯爵（彼が大元帥になったのは、この出来事の後の一六七五年）も、テュレンヌへの服従を拒否した。ションバーグ伯爵は一六六〇年にポルトガル軍を指揮した経験があり、大元帥に劣らぬ地位を自負していたからだ。

サン＝シモンは、テュレンヌは大元帥としての新たな立場と親王の身分を「巧みに混同して」、紋章から杖を取り除き、「テュレンヌ子爵」以外の呼ばれ方を拒否した、と述べている。結局国王は、大元帥間の命令系統は在職年数に応じると定めた。

大元帥はルーヴルの栄誉〔196頁参照〕を与えられていたが、これは世襲制ではない。閣議では公爵に次ぐ立場で、軍では公爵より上だった。一方、大元帥夫人は宮廷では折り畳み式床几《タブレ》の特権を持たず、唯一、大使の謁見時に正方形の大きなクッションを使うことが許されていた。

Mariage de la main gauche

左手の結婚

伯爵殿《ムッシュー・ル・コント》と呼ばれたソワソン伯爵は親王だったが、貴族の先頭に立ってリシュリューと対立し、宮廷を離れてスダンに引きこもった。これにはリシュリューの姪で未亡人だったデギュイヨン公爵夫人との縁談を避ける目的もあった。彼は何としても「左手の結婚」を避けたかったのだ。公爵との結婚時、彼女は身分が低すぎたので、式では花婿の右側ではなく左側に立たされた。これを「左手の結婚」と呼ぶが、教会法には完璧にかなっていた。やんごとなき人々の結婚と市井の習慣とは必ずしも一致しないのだ。

Médecins en quartier

四分の一勤務の医師

国王の筆頭主治医は専任第一医師一名、専任第二医師一名、四分の一勤務の医師八名、四分の一勤務外の医師一名の補佐を受けていた。さらに対診医が八名、筆頭外科医一名、専任外科医一名、四分の一勤務の外科医八名もいて、後者は浣腸を施していた。歯科外科医二名、薬剤師四名もおり、薬剤助手四名が補佐していた。

アントワーヌ・ダカンは、モルデカイ〔旧約聖書エステル記の登場人物〕と呼ばれていたラビ〔ユダヤ教の祭司〕の孫で、父はルイ一四世の「四分の一勤務外」の医師だった。彼は国王の筆頭主治医アントワーヌ・ヴァロの姪と結婚して、のちにその職を引き継いだ。ヴァロは喘息持ちで、国王に従って戦場に行くことができず、当時王妃の筆頭主治医を務めていたダカンが代わりにフランドルに向かった。彼は国王の健康日誌をつけており、日誌には何度も下剤を処方したと書かれている（「脳を守る最良の方法は、下腹の汚物を頻繁に除去することである」）。またヴァロが他界したことも記録されており、これにより「長いこと宮廷で働いていた多くの医師が立候補して、あらゆる陰謀と根回しが始まった」とある。

国王の医師は四分の一勤務、すなわち一年に三か月間働いていた。

ダカンは影響力のかけらもない王妃ではなく、寵姫モンテスパン夫人の支持を得て、ヴァロの後継者となった。ダカンの後に王妃の医師となったのがファゴンだが、王妃の腕にできた膿瘍を適切に処置しなかったため、彼女を殺したと噂された。彼は「そんなことがあると思われますか。小生にとってはご主人様に当たるのですよ」と抗議したが、エリザベート・シャルロット・ド・バヴィエールは、ファゴンは国王の新たな愛人マントノン夫人の庇護を得ているので、夫人の栄達のために王妃に手を下したのだと主張した。

国王は老齢に差しかかっており、「あらゆる手を使って国王を御そうとしていた」マントノン夫人は、何とか自分の息のかかった者を国王の筆頭主治医につけようとした。国王が少しでも頭痛を訴えようものなら、夫人はファゴンを呼んでいたが、あくまで筆頭主治医が上位であり、長年かけて確立された権威を無視するわけにはいかなかった。

一六九三年のある夜、王は滞在先のマルリーで高熱を発した。ダカンはブイヨンを飲ませ、真夜中に熱が下がり始めると、「熱が引いてきた。私は寝ることにしよう」と言って退出した。ファゴンは彼の後をついていきかけたが、控えの間で立ち止まり、「今夜寝ずの番をせずにいつするというのだ、我々のご主人様は善良で気前もいいのに」とつぶやいて肘掛椅子に座り、杖に寄りかかった。「自室にいるときと同じくらい快適だった。彼は自室でも服を脱がず、喘息のせいでいつも座って寝ていたからだ」

一時間後、王が首席近侍を呼び、まだ熱があると言った。「陛下、ダカン氏は部屋に戻りましたが、ファゴン氏ならおります。お入れしてよろしいでしょうか」と近侍は聞いた。だがダカンに知れたら……。「ファゴンはどう診断するだろう」とつぶやく王に、近侍は「陛下、彼は何らかの診断を下して、陛下を楽にして差し上げるでしょう」と答えた（近侍はニエールという名で、後日ショワジー神父にこのときのことを語った）。ファゴンが通され、王の脈を取り、煎じ薬を持ってこさせ、位置を変えさせた。国王と二人きりになったのはこれが初めてだ。

その頃、マントノン夫人は「ダカン切り崩し」を画策していた。国王はダカンから、息子ルイのためにトゥール大司教職を無心されて気を悪くし（ルイは若いのにすでに二つも大修道院長を兼任していた）、夫人はそこに目をつけた。一〇月三一日、ダカンはいつも通り国王の夕餐に同席した。国王はとても上機嫌で、これまでにないほどダカンに言葉をかけた。万聖節に当たる翌朝七時、ダカンのもとに玉璽令状が届いた。令状は直ちにヴェルサイユを去るよう命じ、国王に面会することも手紙を書くこともならぬと記されていた（失脚した宮廷人は、国王を不快にさせないよう姿を消さねばならなかった）。

早くも翌日の万霊節にはファゴンが彼の後継者となり、宮廷は啞然とした。ダカンにとっては「雷の一撃で、完膚なきまでに打ちのめされ」、三年もしないうちにこの世を去った。

Meudon
ムドン

シャマランドは国王の執務室への大入室特権を持ち、国王から高く評価され、王太子妃の召使頭も務めていた。そんな彼でも、王太子の住むムドン城に行くことは決してなかった。「ムドンへの同行が許される者は、王太子（グラン・ドーファン）と会食する栄誉を与えられていた」からである。だがマルリーには何度か招待されたことがある。マルリーで国王と会食できるのは、婦人方だけだったからだ。

Monseigneur en parlant
身分の棚上げ

国王の前では、いかなる身分も棚上げとなり、「殿下」「猊下」の尊称は使われない。ルイ一四世の宮廷で使われていた身分は最近成立したもので、国王は「陛下《マジェステ》」、国王の子たちは「王族殿下《アルテス・ロワイヤル》」、親王は「尊顔麗しき殿下《アルテス・セレニッシム》」と呼ばれる。「陛下《マジェステ》」とは、もともと皇帝に使われる尊称だった。

フランス王アンリ四世の次男、ルイ一三世弟ガストンに「王族殿下《アルテス・ロワイヤル》」の尊称が使われるようになったきっかけは、枢機卿たちが「猊下《げいか》」と呼ばれるようになったことだ。リシュリュー枢機卿は「猊下《げいか》」と呼ばれることにこだわり、初めて自分を「猊下《げいか》」と呼んだオラニエ公にたいそうな義理を感じて、公を「殿下《アルテス》」と呼んだ。その後尊称はほかの君主にも使われるようになり、身分の混同を避けるため、ガストンは「王族殿下《アルテス・ロワイヤル》」と呼ばれるようになった。同時に各下の君主との差異をつけるため、親王には「尊顔麗しき殿下《アルテス・セレニッシム》」の尊称が使われた。

「殿下《モンセニュール》」の尊称が使われるようになったのはその後のことだ。書類上、この尊称は親王だけでなく公爵にも使われ、ルーヴォワは国務卿たちにも使った。太陽王はある時点で、

全能の存在である国王の前では、いかなる身分も棚上げとなった。

「冷やかし半分に」息子を「殿《モンセニュール》」と呼び始めた。そう呼ぶことでさりげなく差をつけたかったのかもしれない。宮廷もこれを真似、皆が「王太子に話しかけるときも、王太子のことを話すときも」「殿《モンセニュール》」の尊称を使うようになった。「王太子《ドーファン》」という言葉は姿を消し、単に「殿《モンセニュール》」と言えば王太子を指すようになった。

そのずっと後には、戦時中の軍隊でのみ、国王の従兄弟も親王も、公爵殿《ムッシュー・ル・デュック》もコンティ公も、使用人たちに自分を「殿《モンセニュール》」と呼ばせた。宮廷の習慣にそれほど通じていない官職保有者や宮廷人も私的にこの呼び方を使い始め、実態が明らかになったときには手遅れだった。この呼称は軍隊に浸透するや、パリや宮廷にまで普及し、結局容認されることになった。国王が可愛がった非嫡出子たちも「殿《モンセニュール》」と呼ばれたからである。

こうして摂政時代、「多くの人々が半ば無理やり殿《モンセニュール》の呼称を使うようになった」

Monsieur le Grand
ムッシュー・ル・グラン

太陽王の時代、主馬頭は「ムッシュー・ル・グラン」と呼ばれ、王の厩舎を率いていた。王の厩舎は王室駅逓部の「騎手」と、将来軍人になる貴族の子弟のための馬術学校を統括していた。一五八二年、規定により厩舎は王室大厩舎（戦闘や式典のための乗用馬の施設）と小厩舎（馬車用馬の施設）に別れた。こうした背景のもと、一七一五年一〇月、大厩舎を率いる主馬頭《ムッシュー・ル・グラン》と小厩舎を率いる主馬寮長《ムッシュー・ル・プルミエ》の間で、のちのち語り草になる論争が起きた。

主馬頭には、国王が崩御すると大厩舎の馬を引き取る権利があった。これは誰もがうらやむ特権の一つで、たとえば一五四六年から七〇年にかけて主馬頭を務めたボワジー侯爵は、三代の国王の馬を引き取った。だが前述のように一五八二年、厩舎は分割された。太陽王の崩御時、宮廷はまだヴェルサイユにあって〔その後ルイ一五世の治世が始まると、宮廷は一時パリに移った〕、誰の入れ知恵かは不明だが、主馬頭は大小厩舎両方の馬を要求した。ルイ一三世の主馬寮長の息子だったサン＝シモンは、この要求に目を剝いた。二世代も前からベランゲム家（主馬寮長）とアンリ・ド・ロレーヌ、そして彼の息子の主馬頭は、いさかいなど起こすことなく、職域を分け合っていたからなおさらだ。

主馬頭も主馬寮長もそれぞれ覚書を記し、宮廷人たちは思い思いの側に味方し、摂政はこの論争の報告書を閣議に提出するよう、トルシーに命じた。サン＝シモンによると、「めったにないことだが、裁定を任された者たちは激しい心労を感じた」。その一人トロワなどは、引っ越しにかこつけて領地に退き、一件落着してからようやく戻ってきたほどだ。

王家とごく近い一族、ロレーヌ家は絶大な権勢を誇っていた。摂政の妹はロレーヌ家に嫁入りし、ロレーヌ家出身の主馬頭は尊大で、大いに信頼を集めていた。気品があって堂々とし、鷹揚で、「家はつねに開かれていて、夜も昼も大々的に娯楽や豪勢な食事を提供していた」。女性たちにつっけんどんなときもあるが、たいてい礼儀正しく、分別もある。ただしサン＝シモンは、「彼は国王のご機嫌ばかり取って、ひどく浅ましく、卑屈で、あまりにも極端で露骨で、胸が悪くなる」と書いている。

一方、主馬寮長は日頃から慕われ、評価され、一目置かれ、たくさんの友人に囲まれていた。しかし主馬頭は、主馬寮長の肩書には根拠がなく、慣習の上に成り立っているだけで、国王が喪に服したときにも、小厩舎のすべての馬車、馬具の装飾やお仕着せは自分が手配したし、会計監査院に提出する支出報告も自分が署名している、と理屈を並べた。

摂政は慌てて回答を出すよりも、ルイ一五世が成人になるのを待とうと考えたが、厩舎の職員たちが「無作法な小競り合い」に走り、暴力行為が日常化した。そこで摂政はこの件を閣議にかけることにし、一七一五年一〇月二二日にヴァンセンヌで開かれる臨時会議で議論することが決まった。だが主馬頭も大公《ムッシュー・ル・プランス》殿も出席しなかった。会議では、トルシーが報告書類一式を取り出すと同時に、すかさずサン＝シモンも、一六四三年に地方長官から自分の父に提出された報告書を机に置いた。だが誰もそれを開こうとしない。サン

＝シモンは出席者一同を指して、「あれほど困惑した表情は見たことがなかった」と断言している。トルシーは報告を発表し、主馬寮長に理があると主張したものの、その声は小さく、とぎれとぎれで、結論を読み上げるときはずいぶんと弱々しい口調だった。摂政はトルシーに、前回つまりルイ一三世崩御時には、小厩舎の馬は主馬寮長の手に渡ったのかどうか、該当箇所を読むように言い、サン＝シモンは報告書をトルシーの前に滑り込ませた。だがトルシーの報告書にも該当箇所があったので、そちらが読み上げられた。出席者の間からは、金銭的に折り合いをつけてはと遠回しな提案が上がる一方、結論を出さないまま長々と演説する者もおり、全員がため息をついて、「炭の上を歩く猫のように」落ち着かない様子だった。そこでサン＝シモンが発言し、厩舎の分割の経緯、アンリ三世は主馬寮長のために小厩舎の独立を望んだこと、小厩舎の馬の分配について父に提出された書類には効力があることを述べた。これはアンリ四世、ルイ一三世、ルイ一四世のもとで再確認された、確実かつ首尾一貫して安定した権利なのだ、と。部屋は沈黙に包まれた。摂政はサン＝シモンの説教など無用と言いたげに何か言おうとしたがうつむき、次に顔を上げたときには、主馬寮長に理ありと宣言した。

　その間、主馬寮長は妻や数人の友人と一緒に城にいた。自分に不利な裁定が下ったら直訴しに行こうと、ひそかに馬車も用意してあった。年老いて棺桶に片足を突っ込んでいるような近習が走りながら戻ってきて、とぎれとぎれの声で勝訴の報せを伝えた。主馬寮長はサン＝シモンに謝意を伝えるためにパリに向かった。自分にはこの官職以外何もない。サン＝シモンはその職と財産を守ってくれただけでなく、名誉と命を救ってくれたのだ。サン＝シモンは、「公平を期して言えば、ムッシュー・ル・グランとその子息は私を恨むことはなく、彼らを支持した人たちも同様だった」と書いている。

Monsieur le Premier
ムッシュー・ル・プルミエ

ムッシュー・ル・プルミエとは小厩舎を率いる主馬寮長を指す。

一五八二年の規定により、大厩舎と小厩舎が分割され、前者は乗用馬や戦闘用の馬、後者は馬車用の馬を担当することになった。小厩舎は国王の大型・小型四輪馬車すべてを管理しており、宮廷は頻繁に移動していたため、閑職とはほど遠かった。

主馬寮長は王室の大型馬車を使うことが許されており、一七〇七年三月二四日に起こった主馬寮長ベランゲム侯爵誘拐事件の一因ともなった。彼はヴェルサイユまで国王に付き添ったのち、一人で国王の馬車に乗ってパリへ戻った。夜七時頃のことで、馬車は七頭立て、後部足台には二人の従者が乗り、たいまつを持った若者が先頭の馬に乗っていた。だがポン・ド・セーヴルと「ポン・デュ・ジュール」という居酒屋の中間に馬車が差しかかったところで、一五、六人ほどの男たちが囲み、主馬寮長を誘拐した。御者は従者を乗せたまま方向転換してヴェルサイユへ向かい、報告を受けた王は直ちに四人の国務卿に指示して、国境警備を命じた。犯人であろう敵兵がアルトワ地方からフランス入りしたことは確実で、まだ出国はしていないと踏んだのだ。

　犯人一味の特定には時間がかかった。だが主馬寮長には敵などおらず、身代金を請求できるほどの資産家でもなく、これまで裕福な金融家が誘拐されたためしもない。ということは犯人は盗賊ではなく、兵士に違いない。捜査を進めるうちに、バイエルン選帝侯のヴァイオリン弾きで対仏同盟軍の連隊長だったグエテムなる者が浮上した。当時はスペイン継承戦争中で、グエテムはパリとヴェルサイユ間で大物を誘拐することに決め、三〇人の仲間と共にフランスに入国した。ほぼ全員が士官で、商人に変装し、王太子（グラン・ドーファン）に狙いを定めた。パリ近郊で見張っていると、オルレアン公爵（のちの摂政）が通ったが、簡易二輪馬車に乗っていたので見逃してしまった。そうこうするうちにベランゲムを乗せた国王の馬車が通りかかり、襲ったというわけである。ベランゲムが普段から細身のコート《ジュストコール》の上に聖霊勲章の青綬《コルドンブルー》を着用していたのも、勘違いの原因の一つだった。

誘拐はしたものの、一味はすぐに相手が主馬寮長だと気がついた。果たしてグエテムはベランゲムを丁重に扱い、彼をなるべく疲れさせないように配慮した。数時間馬車を走らせた後は、ベランゲムを簡易二輪馬車に移すことにした。そのため遅れが生じ、主馬寮長を心から慕う小厩舎の儀仗兵たちは、救出作戦を展開した。救出隊は三つのグループからなり、そのうち二つは別の連隊からの分遣隊で、もう一つは伍長に率いられていた。無勢のグエテムは降伏し、立場が逆転した。

主馬寮長は二九日にヴェルサイユに戻り、小厩舎に迎えられた。彼らは花火を用意していたが、「少々嫉妬」した国王は打ち上げを禁じた。主馬寮長はグエテムをできる限り厚遇し、観劇に誘ったが、劇場では「グエテム自身が見世物になった」。国王のもとにも連れていった。国王はグエテムが主馬寮長を丁重に扱ったことを評価し、「戦はつねに公平に遂行せねばならぬ」と語った。

N

Naissance royale
王家の生まれ

内親王が出産するときには、居室の扉が開けられて、誰でも入室できた。寝室で女主人に仕えるのは侍女で、女官はもっぱら訪問客を見送る役目だった。出産から六週間後、内親王は長椅子に座ったまま三日の間訪問客を迎える。親王も、自分にお目見えしたことのある貴婦人のもとには見舞いに行った。

王家の出産には様々な制約が課されていた。一六八六年八月三一日朝四時頃、王太子妃は「たいそうな痛み」を覚え、国王、王太子（グラン・ドーファン）、王弟夫妻を呼びに行かせた。すべての親王、内親王には出産に立ち会う権利がある。公衆の面前での出産を終えた妃は、自分の寝台に戻り、正装した女官、筆頭主治医、筆頭外科医、筆頭薬剤師、給仕係長（国王の水やワインの毒見係）が九日間、寝ずの番をした。

マリー・アントワネットの時代には、儀式が簡素化された。一七七八年一二月一九日、サロンに出産台が設置され、「王妃が出産されます！」との医師の叫び声に、大勢の宮廷人が押し寄せた。あまりの人だかりに王妃は気絶しかけ、周囲の者はやっとのことで窓のところにたどり着いて、全開して風を通した。

一七八一年の出産では、秩序が重視された。そのため出産を終えても部屋は静まり返ったままで、王妃はてっきり二人目も女の子かと思ったという。それ以前の一七五一年九月一三日真夜中には、王太子妃が急に産気づき、ルイ一五世は二人の荷物運搬人、六人の衛兵、持ち場を離れたくないと顔をしかめる歩哨一人を動員して、ブルゴーニュ公爵誕生の証人として立ち会わさねばならなかった。

Nappe de communion
聖体拝領布

一六九八年の聖母被昇天の祝日、四分の一勤務の近衛隊長ヴィルロワ大元帥は慣習に従い、聖体拝領布の二つの端を持たせるのに誰を指名すればよいかと国王に伺いを立てた。これは国王の聖体拝領のために特別に祭壇に敷かれる布で、リュクサンブール公爵とレディギエール公爵が指名を受けた。だがレディギエール公爵が右端〔座上〕を持ったため、リュクサンブール公爵はひどく気を悪くした。

彼はヴィルロワに、国王には大変申し訳ないのだが、身分の件について他の公爵たちと係争中で決着がついておらず（彼は公爵としては二番目の古さを主張していた）、別の公爵に何らかの譲歩をして後々不利になるのは避けたいと説明した。国王は理解を示し、彼に代わってヴィルロワが聖体拝領布の左端を持った。

出産から六週間後、内親王は長椅子に座ったまま三日の間訪問客を迎える。

Ordre du Saint-Esprit
聖霊勲章

一六六二年一月一日、親政を開始したばかりのルイ一四世は、六三人の者に聖霊勲章騎士章を、八人の高位聖職者に聖霊勲章コマンドゥール章を授与した。フランス宮廷司祭は生まれながらのコマンドゥール章佩用者なので対象外だ。ルイ一四世は息子に宛てた回想録の中で、これほどの人数になったのは、もう三〇年間も受勲者がいなかったためだと説明した。聖霊勲章は「国民の負担が一切ない」、金銭を伴わない名誉勲章だったが、羨望の的だった。ルイ一四世は「身分の差異は、ほぼすべての人間を行動に駆り立てる主要な動機と言ってもよく」、勲章は「我々の祖先が導入した差異を利用するためのものだ」と述べている。勲章を創設したのはアンリ三世で、彼の誕生日、そしてポーランド王、さらに後年フランス王に即位したのが聖霊降臨の主日だった〔と主張していた〕ため、聖霊勲章と呼ばれるようになった。

受賞者は三代にわたる貴族身分を証明せねばならない。一六六二年、フォベール大元帥は偽造証明を提出することをよしとせず、授与を拒否した。偽造証明は、場合によっては大目に見られていたのである。コマンドゥール章には貴族身分に関する条件は一切なかったため、ルイ一四世はコルベールやル・テリエなど近年貴族に叙された者にも授与することができた。ルイ一四世時代後期には、金融家で勲章財務官を務めたアントワーヌ・クロザも受勲している。

スルシュ侯爵によれば、一六八五年一月一日、国王は慣習に従い、聖霊勲章騎士章佩用者たちと共に礼拝堂に向かった。ほとんどの佩用者は痛風や老衰で思うように動けず、国王に付き添う者もわずかだった。それでも国王は希望者に煩わされるのが億劫で、その上受勲式で優先権をめぐって親王と公爵同輩衆の間でひと騒動起こることを恐れて、新たに受勲者を指名しようとはしなかった。

サン・ミシェル勲章
Ordre de Saint-Michel

セヴィニェ夫人は一六八八年に娘に宛てた手紙の中で、サン・ミシェル勲章授与式について「昨日、シュヴルーズ殿はラ・ロシュフコー殿の前を歩かれました」と書いている。

公爵同輩衆であるラ・ロシュフコーはシュヴルーズ公シャルル＝オノレに、「ムッシュー、貴殿は私の前を歩かれましたが、それはなりませぬ」と指摘した。シャルル＝オノレが「ムッシュー、私はリュイーヌ公爵なのですから、貴殿の前を歩かねばならぬのです」と答えたところ、ラ・ロシュフコーは「ああ、ムッシュー、それならばおっしゃる通りです」と納得した。実際、シュヴルーズは父からリュイーヌ公爵領を受け継いだばかりだった。セヴィニェ夫人は、「シュヴルーズ殿は、国王の許可が下りて公爵領を受け継がれ、以後リュイーヌ公爵と呼ばれることになります。シュヴルーズ公爵領はご子息に譲られ、ご子息はモンフォール公爵と呼ばれることになります」と書いている。

シャルル＝オノレは裕福な大臣コルベールの娘と結婚していた。国王は自分の側近の娘と貴賤結婚をした彼に感謝し、シュヴルーズ家を公爵に「叙し、これを確認した」〔サン＝シモンによれば、シュヴルーズは古くからの公爵同輩衆だったが、その後断絶し、これを機に新たに公爵に叙されたという〕。さらにシュヴルーズ夫人はブルジョワ出身にもかかわらず、王妃の女官に任命された。

彼の祖父は息子ルイ＝シャルルを溺愛していた。ルイ＝シャルルはポール・ロワイヤルのジャンセニスト〔32頁参照〕たちと親交があり、非常に高徳だったが、叔母に激しい恋心を抱いていた。だが彼女は修練所〔修道誓願前に修練期を過ごす修道院内の施設〕に入っている。家族は彼がポール・ロワイヤルに隠遁してしまうのではないかと恐れて、ローマの教皇庁から結婚の許可を取り

王妃が寝台にいれば、女官は座ることができる。ただし、縫物を手にしていなければならない。立ったままでは刺繍などできないからだ。

付け（教皇庁は「金ですべてが解決できる」と言われていた）、二人は結婚して幸せに暮らした。後年妻に先立たれた老ルイ＝シャルルは再婚し、フランスで七番目に古い公爵同輩衆の身分を息子シャルル＝オノレに譲った。そのため息子は公爵としての古さから言えば一三番目でしかないラ・ロシュフコーの前を歩いたのだ。

聖霊勲章佩用者が「青綬《コルドンブルー》」と呼ばれたのに対し、サン・ミシェル勲章佩用者は「黒綬《コルドンノワール》」と呼ばれた。

手仕事
Ouvrage

王妃や王太子妃が寝台にいるときには、女官は縫物を持ってさえいれば座ることができる。これは単なる口実だ。立っていては刺繡などできないのだから。

Pair-né

生まれながらの同輩衆

国王直属の封臣はフランス同輩衆と称し、自分たちを裁くことができるのは同輩衆のみだと主張した（中世、世俗同輩衆と聖職者同輩衆はそれぞれ六人いた）。一二〇三年に失地王ことイングランド王ジョンがノルマンディー公として同輩衆に裁かれたのにもこうした背景がある。端麗王ことフィリップ四世以降、国王は同輩衆を指名する権利を確立し、同輩衆は高等法院のメンバーとして院長の右の席を占めた。

アンリ三世は勅令を出し、王族に生まれながらの同輩衆の身分と他の同輩衆の先を歩く権利を認めたため、ロレーヌ家分家のギーズ家は反発した。妻がロレーヌ家出身のアンリ三世は仕方なく、外国の大公、すなわちフランスに住む外国王族にも同輩衆の前を歩く権利を認めた。この特権を手にしたのは、

ロレーヌ家、（ヌムール公爵を長とする）サヴォワ家、マントヴァのゴンザーガ家（ヌヴェール公爵）、ヌーシャテルを治めるロングヴィル家の四家である。だがギーズ公爵暗殺とアンリ四世の即位により、この優先権は消滅した。

それでもルイ一四世時代、ロレーヌ家は大きな恩恵に浴した。一族のアルマニャック伯爵が主馬頭に就任したのだ。彼の弟は王弟《ムッシュー》の愛人で、王弟《ムッシュー》の最初の妻アンリエット・ダングルテールを毒殺したと噂されていた。

公爵同輩衆の位は親王の身分よりも古かったため、長い間優先権を持っていた。だがアンリ三世の勅令により、王族は生まれながらの同輩衆に定められ、次いで大コンデ公が数々の戦で勝利を収めたため、親王は同輩衆よりも格上となったのである。

日傘

Parasols

聖体の秘跡の行進で、内親王と公爵夫人は日傘をさしていた。

だが「差をつけるため」、内親王は人に日傘を持たせていたのに対し、公爵夫人は自分でさしていた。

Passer aux mains des hommes
男性の手

王家の子たちの養育係は、男の子が七歳になるまで教育の責任を負っていた。男の子は七歳になると、「男性の手」すなわち教育係に託される。

彼らに聖霊勲章の青綬《コルドンブルー》をかけたり、聴罪司祭を選んだりするのは養育係の仕事で、着替え、食事、王家の子の出席が定められた儀式に立ち会い、子ども部屋の隣の部屋を与えられる。男の子一人につき副養育係一人がつき、乳母二人、一〇人ほどの侍女、従者一人、

内親王と違い、公爵夫人は自分で日傘をさしていた。

幼少期の王家の子たちは、養育係の世話を受けていた。養育係は子どもたちをひもでつないでいた。男の子は七歳になると、「男性の手にゆだねられた」

召使一人が補佐する。男性の手に渡った男の子は、裸にされて医師の診察を受け、完璧な状態で養育係から教育係にゆだねられたことを確認する。

サン＝シモンが慕うブルゴーニュ公爵は、「女性の手から引き渡されたが、早晩、背が曲がり始めた。すぐに鉄の首輪と十字形の装身具があつらえられて、人前に出るときも着用していた。背中を伸ばすための遊びや運動も欠かさなかった。だが自然は強かった。彼の背は曲がり、片方の肩が極端に歪んで足を引きずるようになった。腿や足が左右非対称というわけではないが、片方の肩だけが肥大するにつれ、腰から足の先にかけての長さに違いが生じ、本来は垂直であるはずの背が、片方に曲がってしまったのだ」

小就寝の儀
Petit coucher

夕餐後、国王は寝室の手すりの前で宮廷人たちに挨拶をし、閣議室に入って「指図を出す」。「指図を出す」とは嫡出・非嫡出の子や孫たち、その夫や妻、王と同じく肘掛椅子に座っている王弟《ムッシュー》や王太子、王太子の息子と一時間過ごすことを意味する。つまり家族や後部扉からの入室を許された宮廷人たちとの時間である。

ルイ一四世は犬たちに食べ物をやり、その場にいる者たちに「おやすみ」の挨拶をしてから、服を脱ぐ。こうして小就寝の儀が始まり、諸事勅許により大入室および小入室特権利を持った者が部屋に迎えられる。

イングランド大使ポートランドは、離任を控えて方々から挨拶を受け、ルイ一四世も「薬」（下剤）を服用した後に、彼を小就寝の儀に迎えた。「これは大変な厚遇」だったそうだ。

小正餐
Petit couvert

小正餐とは寝室で国王に供される昼食である。

一六九〇年までは王妃マリー・テレーズの控えの間に正方形の小さなテーブルがセットされて、国王は立ったままの宮廷人に囲まれ、侍従頭（侍従頭がいないときには首席侍従）に給仕されて一人で食事をとっていた。女性たちは一切出席しないが、ラ・モット＝ウダンクール大元帥夫人だけは別だ。大元帥夫人が立ち会うことはごく稀だったが、前述のように、彼女は王家の子女の養育係を務めていた時代に食事に付き添っていたので、その後もこの特権を維持していたのだ〔一七四頁参照〕。

王の息子や親王、枢機卿が同席することも稀だった。たとえ同席する場合も、国王は椅子を勧めることも、食事に誘うこともなかった。小正餐で同席できるのは、王弟《ムッシュー》だけで、国王に座るよう勧められれば、食事も共にできた。ただし、椅子はあくまで折り畳み式床几《タブレ》で、それもまずお辞儀をしなければならない。夕食では肘掛椅子が許された。

ある木曜日ないしは金曜日のこと、ルイ一四世は閣議がなく、マントノン夫人と部屋にいた。宮廷人は食卓を囲むように並んで王を待ち、給仕を務める侍従ジェーヴルも待機していた。そこにヴィルロワ大元帥がいつものごとく仰々しくやってきて、国王の肘掛椅子の後ろに立った。老ジェーヴルは突然食卓の近くから、肘掛椅子の後ろに立っているヴィルロワに向かって、「大元帥殿、貴殿も小生も非常に幸運でありますな」と声をかけた。二人とも貴族出身ではないが、国への寄与が認められて公爵に叙されたのだ。大元帥はぎくりとして、控えめに同意したのち、ジェーヴルの話を打ちきろうとかつらをかぶった頭を別の方向に向けて、ほかの人に話しかけた。だがジェーヴルの勢いは止まらず、ヴィルロワの強運について話し続けた。ヴィルロワとジェーヴルが官職や政府の要職、財産を手にできたのは、前者はクレキの娘と、後者の父はリュクサンブール家の娘と結婚したおかげだ。「けれどもこの二人の国務卿の父が誰だったかと言えば、下級役人で、その父が誰だったかと言えば、貴殿の場合は市場の魚売り、小生の場合は行商人、いやもっと卑しい身分だったかもしれませぬ」

ヴィルロワ大元帥は死にたい気持ちになった。いや、ジェーヴルを絞め殺したくなったかもしれない。数日の間、宮廷人たちはこの話を面白おかしく語り合った。

小・大入室特権
Petites et grandes entrées

入室特権にはいくつかの種類があり、「非常に特別」な三つの特権（大入室特権、後部扉からの入室特権、第一入室特権）と、「非常に快い」二つの特権（寝室入室特権と執務室入室特権）、そしてブーツ履きとブーツ脱ぎの特権があった。後者は国王がブーツを履いたり脱いだりするときに同席する特権で、首席侍従が仕切っていた。

入室特権は「非常に希少かつ有益なため、きわめて貴重だった」。「最も希少なのが大入室特権で、侍従頭や首席侍従がいるときにはいつでも、国王の居室の奥の部屋に入ることができた」。国王との謁見を確保するのはかなり難しい上、会話は微に入り細に入り聞き耳を立てられて、人々の噂になる。一方、入室特権によっては、比較的個人的に国王と話ができた。ベテューヌは小就寝の儀に同席が許されなければ、決して公爵同輩衆にはなり

国王に近づけることには、非常に大きな意味があった。「入室特権」によっては、ほぼ個人的に国王と話すことができたからだ。だが名門出身だからといって、必ずしも特権が与えられるわけではない。大コンデ公でさえ、決してこの特権を許されなかった。

えなかっただろうし、マントノン夫人により追放されたシャミヤールは、後部扉からの入室特権なくしては、決して宮廷に復帰できなかっただろう。一方、国王と個人的に話すために手燭の特権を得たサン＝テニャン公爵は、友人で自由思想的作家ビュッシー＝ラビュタンを擁護して、追放を解こうとしたが無駄だった。

ルイ一四世は朝七時半に目を覚まし、筆頭主治医、筆頭外科医、年老いた乳母の訪問を受ける。「小起床の儀」では、侍従頭、首席侍従、通年勤務の王室衣装部最高責任者と衣装部長（最高責任者ラ・ロシュフコーは王国狩猟頭でもあった）、首席近侍など、寝室で要職を勤める者たちが入室する。その後、大入室特権を持つ宮廷人も入ってくる。名門出身であっても、必ずしも特権が与えられるとは限らない。国王は戦功（たとえばそれぞれ一七〇八年と一四年に活躍したブーフレール大元帥やヴィラール大元帥）、厚意（たとえばローザン）、政治的動機から入室特権を与えるが、通常は親王でも入室特権は与えられない。大コンデ公でさえ決して手にできなかった。

国王がかつらをかぶると、扉番が第一入室を告げ、国王は「最初の者たちを入れよ」と命令する。すると首席侍従が扉番に「最初の者たちを！」と伝える。この中には、国王に近い官職が含まれる。すなわち専任医師、専任外科医、薬剤師長、理髪係の小姓二人、置時計係の小姓二人、四人の国務卿、衣装部の首席近侍たち、朗読係二人、銀食器部監督官だ。国王のおまるを担当する諸事勅許保有者もいる。当時の保有者はマザラン公爵と、回想録を残したダンジョーだった。

小入室特権とも呼ばれるこの入室を皮切りに大起床の儀が始まる。宮内府の官職者には、入室特権が与えられており、多くの宮廷人に開かれていた。その後大入室特権を持つ者が入ってきて、国王はシュミーズを渡され、祈りを唱える。その後執務室に移動し、多数の官僚や（執務室入室特権を持つ）宮廷人たちと会い、その日の指示を事細かに出す。執事には大正餐、小正餐の時間の指示、大小猟犬係には馬や馬車に関する指示、小銃係には狩猟の集まりの指示といった具合である。「こうして七分ほどで、国王の予定が明らかになる」。その後、一同は執務室を退出するよう命じられ、もっとも重要な入室特権、すなわち後部扉からの入室を許された者だけが残る。ここに含まれるのが王太子、国王の子や孫、認知された非嫡出子、首席近侍、ギャルソン・ブルー〔72頁参照〕と、国王に選ばれたわずかな者たちである。彼らはいつでも、宮廷人がひしめく控えの間ではなく執務室の後部扉から入室できる。

国王は狩りに向かうときには、着替えてブーツを履かねばならないが、ここでもブーツを履いたり脱いだりするときの入室特権がある。

大就寝の儀の中心となるのが手燭の特権で、司祭が祈りを唱えている間手燭を掲げる。

就寝の儀は朝の起床の儀とは反対の順番で展開するため、最後に小就寝の儀が行われる。ルイ一四世は痛風に悩まされ、早くも一七〇五年には就寝の儀を廃止した。この儀が「入室特権を持つ者のご機嫌伺いの時間となったから」というのがその理由だが、これは就寝の儀が王の権威の誇示ではなく、単に王への請願の場となったことを意味する。小就寝の儀に同席を許された宮廷人が、ベッドに入る国王に頼み事をしてきた場合(これを「攻撃する《アタケ》」と言う)、ほかの者たちは遠慮して「互いへの斟酌から」、退出するか距離を置く。サン＝シモンは、「特権を持たない者は部屋から出ていき、私は国王のもとに近づいた」「見物者たちは好奇心旺盛なことこの上なかった」と回想している。

Premières entrées
第一入室特権

二番目に部屋に入る特権は「第一入室特権」とか、単に「入室特権」と呼ばれていた。きわめて個人的な特権であり、官職とは一切関係ない。ただし、二人の衣装部長のうち通年で働く者は別である。いくつかの奉公人職(秘書官や朗読係など)も入室特権を与えられていたので、国王に近づこうと奉公人職を購入する貴族や高位の者もいた。ダンジョーは国王の朗読係の職を聖職者である弟のために購入し、その後転売したが、入室特権は手放さなかった。

起床の儀で、第一入室特権保有者は大入室特権の後、執務室入室特権の直前に呼ばれたが、就寝の儀では大入室特権保有者が退出するまで寝室に留まることができたので、国王と話すのに非常に好都合だった。親王の筆頭で大公殿《ムッシュー・ル・プランス》こと大コンデ公の息子アンギャン公爵は息子コンデ公ルイ三世を国王の非嫡出子、マドモワゼル・ド・ナント〔ルイーズ・フランソワーズ・ド・ブルボン〕と結婚させることを了承してようやく、一六八六年に第一入室特権を獲得した。これが彼の手にした唯一の入室特権だが、大入室特権ではない。息子夫婦は執務室入室特権を与えられて王族と時間を過ごすことを許されていたのに、アンギャン公爵は国王が服を脱ぎに来るのをその他の宮廷人たちと待ちながら、扉の横の折り畳み式床几《タブレ》でうつらうつらと過ごしていた。

国王の孫娘

Petite-fille de France

ルイ一三世弟ガストンの娘、グランド・マドモワゼルの葬儀は「完全な形」で挙行された。亡骸は数日間通夜に付され、二時間ごとに喪のヴェールを着用した公爵夫人や内親王が二人ずつ交替した。当番に指名される女性は王の派遣した儀典長からその旨知らせられるが、ある婦人は拒否したため、立腹した国王は命令に従わねば追放処分に処すると脅して、ねじ伏せた。王女の通夜にはこの二倍の数の貴婦人が付き添ったが、内親王の通夜で付き添うのはもっぱら使用人だった。

国王の孫娘という中間身分を定めたのはサン＝シモンの父だ。ルイ一三世弟ガストンは未婚の一人娘グランド・マドモワゼルのために、内親王よりも王女の身分に近い「中間身分を創設」するよう、国王の腹心であるサン＝シモン父に働きかけたのだ。

食卓での席次
Place à table

太陽王は食卓の席次については厳しかった。ある夕餐で大臣の娘、コルベール侯トルシー夫人が、たまたま後から到着したデュラス公爵夫人よりも上席に座っていた。国王は黙ったまま皿に手をつけず、マントノン夫人の部屋に入ると、「何たる無礼！」と怒りを爆発させた。曰く、貴族でさえあるまじき「特権侵害」をこともあろうに「一介のブルジョワ女性」がやってのけるなど言語道断で、何度も彼女を退席させようと思ったが、彼女の夫のことを考慮して思いとどまった。しかも、コルベール家はルーアンの毛織物商人の出に過ぎないのに、大コルベール〔トルシー侯の伯父に当たる。ジャン＝バティスト・コルベール〕などは、自分はスコットランド王の流れを汲むと主張して、その世迷言を海の向こうにまで持ち込んだ。だが一族の由来を調査すべく英国に派遣された密使は、何一つ確かな情報を持ち帰らなかった。

これと対照的なのがポンシャルトラン夫人で、彼女はルーヴルの栄誉〔196頁参照〕を与えられたラ・ロシュフコー家の出身なのに、国務卿と結婚しても、つねに気負うことなく末席に座っていた。周囲はルイ一四世がポンシャルトラン夫人をほめる一方、トルシー夫人の腕を取って退席させなかったデュラス夫人を非難するのを聞いて、意外に思った。翌日になっても国王の怒りは冷めなかった。

ある音楽会では、ルイ一四世はムラン嬢に怒りを募らせ、王弟《ムッシュー》は顔を真っ赤にした兄の膝を抑えて、止めねばならなかった。ムラン嬢は最下位の公爵夫人のすぐ後ろに座っていたが、別の公爵夫人が到着しても席を譲るでもなく、「身をかがめて」挨拶だけすると元の位置に座ったのだった。

食卓でも音楽会でも、格上の貴婦人が入ってくると、国王の機嫌を損ねぬよう、すぐに場所を譲らねばならなかった。

プラセ
Placet

閣議では、王が臨席していても大臣たちは座ったままだ。ものを書いたり計算したりするには、その方が楽だからだ。「良心評議会」でも同様で、「三、四人で教会の収益の配分について徹底討論するが、いつも同意に至るとは限らず」、果てしなく議論が続くこともあった。

「公用文書審議」と呼ばれる地方の案件に関する審議では全員立ったままだったが、ある日大法官ル・テリエが足の痛みを訴えて、国王にプラセ（硬い小型の折り畳み式床几《タブレ》）に座る許可を願い出た。国王は許可し、「財務閣議の議長を務めるヴィルロワ大元帥にも同様の許しを与えた。その他の者たちは、大臣も国務卿も立ったままだった」。ただ王弟《ムッシュー》だけは別で、座ったままだった。余談ではあるが、ある回想録には、「王弟《ムッシュー》が発言するのは公用文書審議の場だけだ」と書かれている。

Plume d'oie du Roi

国王の鵞ペン

一六七三年、大胆なことで知られるプリミ・ヴィスコンティは占い師として宮廷入りしようとしていた。彼は一通の手紙を渡されて、誰が差出人か言い当ててみよと言われた。手紙の主は王だ。数週間にわたってマルタ騎士団副総長から宮廷の秘密についての情報を得ていた彼は、この手紙を書いたのは年老いた高利貸しだと言った。一同は恐怖におののいたが、国王だけは笑みを浮かべていた。実際のところ、手紙を書いたのは国王の秘書官で、「裕福で限りなくケチな」トゥサン・ローズ院長だった。彼にはペンの特権、すなわちルイ一四世の筆跡を真似る権利があった。かくてプリミ・ヴィスコンティは宮廷入りを果たした。

「『ペンを持つ』とは堂々たる偽造者になることを指し、ほかの者ならば命取りになりかねない行為を、職務により実行することを意味する」。ローズは四人の秘書官の中で最古参であったためペンの特権を得ていたが、「ルイ」と署名することは決してなかった。「ペンにより彼は国王と一種の商売関係を築き、時には利害関係にも発展したが、大臣は一切知らされていなかった」。というのも、この特権を持つ秘書官はあらゆる職務を独占するのに対し、ほかの三人には入室特権しかなかったからだ。ローズがケチと言われるようになったきっかけは、大公殿《ムッシュー・ル・プランス》ことと大コンデ公の息子がシャンティイのローズの土地を購入しようと考えたことだった。彼に土地を手放させようと、ある夜四〇〇頭ものキツネが放された。「そのためどれほどの騒ぎになったかは想像がつくだろう」。ローズは仰天したが、それでも譲歩しなかった。彼が他界すると、国王の鵞ペンは一六九四年から秘書官を務めるフランソワ・ド・カリエールに託された。彼はアカデミー会員であり、フランス全権大使でもあったが、偽造者としては才能に乏しく、「代筆」はしばしばコルベール侯爵の甥で大臣を務めるトルシーに任された。

一方国王は、ローザンには自ら感謝を伝える手紙を書こうと考えた。ローザンは、「王太子を洗濯物袋のように腕の下に抱えた」イングランド王妃を無事にフランスに送り届けた功績がある。彼はグランド・マドモワゼルと結婚しようとして王の不興を買い、長いことピニュロルの監獄に幽閉されていたが、今や名誉を挽回した。国王は閣議で、「彼は余の手紙を見てきっと驚き、喜ぶに違ない。昔はよく目にしていたのだから」と述べた。

軍人バッソンピエールの記録によれば、コンデ公は一六一六年に中央財務局すなわち王国財務府の全書類に署名する「ペン」の権利を要求したが、認められなかったそうだ。

Portemanteau ordinaire de la Reine

王妃のマント持ち

王妃アンヌ・ドートリッシュのマント持ちだったピエール・ド・ラ・ポルトは、王妃とバッキンガム公の恋仲の手引きをしたと疑われ、一六二四年に宮廷から追放された。用があってナントに出かけるときも身元を隠して旅行したほどで、外出するのはもっぱら夜だった。けれども摂政時代になると、赦されて、幼い国王の首席近侍の職を得た。

Pour

プール

「プールと呼ばれる栄誉の起源は定かでないが、愚にもつかないものだ」とサン＝シモンは述べている。この栄誉は、宮廷人に割り当てられた住居〔たとえば宮廷の遠出で割り当てられる家や居室〕に「何某氏のために《プール》」とチョークで書くことを指す。これに対しその他の人々の住居には、単に「何某氏」とだけ記されていた。王族、親王、王家の血を引く外国王族、大法官はこの特権を持っていたが、ブルトゥイユによれば「公爵はその限りではなかった」

宮廷が遠出する際には、伍長と彼の指揮を受ける一二人の少将が「国王のチョーク」で、割り当てられた住居にそれぞれの名前を書いていく。内親王、枢機卿、外国王族には「プール」をつけるが、サン＝シモンは「この栄誉が愚にもつかぬというのは、住居の優劣や優先権が考慮されていないからだ。枢機卿も外国の親王も公爵も、区別など一切なしに同じように住居を割り当てられるからだ。区別は『プール』という言葉の中だけにあり、何らかの実態を伴うわけではない」と述べている。

サン＝シモンの友人だったウルサン公妃は、この特権を与えられるとわざわざサン＝シモンに知らせた。彼女は美しく社交的で、再婚し、ローマでは二人の枢機卿から庇護を受け、スペインでは王妃の首席女官を務めた異色の経歴の持ち主だ。再婚によってブラッチャーノ公爵夫人となった彼女は、ギャルソン・ブルーに「ブラッチャーノ公爵夫人のために《プール》」とクレヨンで書いてもらう権利を与えられたと「大喜びし」、夫に宛てて「私は、あなたが理性と熱意をもってあれほど希望されたものを与えられ、フランス中の人々からお祝いの言葉をいただきました。パリでは大変な話題です」と書いた。サン＝シモンによれば、「プール」は「要塞に滞在するときも変わらずに機能する。ただし国王が軍を指揮する際は、宮廷人は一方に、軍人はもう一方に住居を定められ、接点は一切ない」。大元帥は指揮権を持たない場合でも、国王に従って軍人側に住まいを与えられる。

一六九八年のコンピエーニュへの遠出では、大使たちがこの特権を要求した。ある教皇大使は、ほかの大使たちとは違って教皇大使には「プール」の特権があるとの誤った情報を知らされていた。彼はこの特権が何なのかさえ知らなかったが、自分だけでなく他の大使たちにも認めるべきだと主張し、大使たちも抗議した。だがそれはとんだ間違いで、教皇大使だからというだけでこの特権が与えられるわけではなかった。

論争は熱を帯び、老齢のサヴォワ大使フェレーロでさえ、自分にはこの権利があるはずだと誤った主張を唱えた。教皇大使が教皇に宛てて、支持を求める手紙を書く一方、国王は歴代伍長の記録簿を取り寄せた。そもそも彼は最初から、教皇大使も大使も一度たりともこの特権を与えられたことはないと知っていた。結局教皇大使はあきらめたが、ポルトガルとヴェネツィアの大使は、随行員は準備万端だったのに遠出をあきらめてパリにとどまった。普段は節度ある国王も今回は立腹して、コンピエーニュの夕餐の席で、フォンテーヌブローへの遠出では昔の習慣を復活させようかと真剣に考えたと述べた。習慣では、大使たちは全員、フォンテーヌブローから一〇キロメートル離れたモレ城に住居を与えられ、チョークで名前が記されはするものの、宮廷人としていつでも宮廷に上がる権利はなく、大使としての定期謁見しか許されない。

ラ・トレムイユ公爵は「プール」の特権を認められた（彼の息子は、かの文人ラ・

ファイエット夫人の孫娘と結婚していた)。というのも、母后が摂政を務めていた時代、「折り畳み式床几《タブレ》の特権をめぐる混乱」でラ・トレムイユ夫人の兄弟は親王に叙されたが、親王の数をこれ以上増やさないため、ラ・トレムイユ公爵には「この大変な栄誉」が与えられたからだ。

Précepteur en carrosse

家庭教師の馬車

一七一七年、「前代未聞の奇妙な企てがあった。フレジュス司教と副教育係たちが、それまで足を踏み入れたことさえない王の馬車に乗り込むと主張したのだ」。フレジュス司教は幼いルイ一五世の家庭教師で、文学および科学の手ほどきや、宗教的情操教育を担っていた。かつてルイ一三世には在俗の家庭教師が付けられていたが、マザランはルイ一四世の家庭教師に聖職者ペレフィックスを任命した。

ルイ一四世はコルベールの助言を参考に、聖職者ではない一般信徒を指名したが、その後司教ボシュエが任命されたのをきっかけに、再び聖職者(できれば司教)が登用されるようになった。フレジュス司教はほかならぬのちのフルーリー枢機卿であり、一七二六年に宰相に任命された。彼はもともと司教だったが、同輩衆ではなかった。副教育係たちは、必要に応じて王太子の子たちに付き添うという慣習を盾に要求を主張した。サン＝シモンも「確かにそうだ」と認めてはいるが、これまで王太子の教育係を務めたフェヌロンもボーヴィリエもそんな主張など思いつきもしなかった。

ボーヴィリエの従兄弟に当たるソムリは尊大かつ大胆な性格で、ボーヴィリエがいない間に馬車に乗り込むようになった。副教育係の存在は非常に重要だったため、優先権に関係なく、誰よりも先に乗り込んだ。ただし教育係がいれば、副教育係は「遠慮」することになる。しかしソムリは、教育係がいたにもかかわらず馬車に乗り込んでいた。しかも末席に座るべきなのに、毎回、戦場でマスケット銃で撃たれたときの膝の古傷を言い訳に扉側の簡易椅子を避け、ボーヴィリエも彼の肩を持った。サン＝シモンは「私は馬車の中にいたので、何度もこの光景を目にした」と自慢げに回想している。「三人の副教育係の中でこの席に座っていたのは彼だけだ」。ソムリは「たまたま」二番目に乗り込むことが多く、脚を伸ばせる前の席に座った。「親王の馬車に乗ることと、一緒に食事をすることは同等の権利」だが、王太子の息子たちは誰とも食事はしなかったので、ソムリの厚かましさもさほど目を引かなかった。フェヌロンは副教育係として特権を持ってはいたが、家庭教師の仕事は王家の子どもたちの勉強を見ることなので、馬車に同乗する必要はなかった。彼は大司教だったからなおさらだ。というのも、枢機卿と同輩衆司教、外国王族だけが、親王の馬車に乗り込み、食卓を共にすることを許されていたからだ。

オルレアン首席司祭は数えきれないほど国王に付き添い、ナミュールの戦地にも赴いたが、サン＝シモンは彼が王の馬車に同乗するのを一度として見たことはない。つまり家庭教師は馬車には同乗しないものなのだ。副教育係でさえ、王家の子女に付き添うことと幼王に付き添うことでは、次元が全く違う。だが何事にも無頓着な摂政は、副教育係にもフレジュス司教にも国王の馬車への同乗を認めた。ただしこれはあくまで個人的な措置であり、家庭教師や司教としての身分とは無関係だと明言した。

この特別扱いのせいで、家庭教師と副教育係の間で優先権の問題が生じた（家庭教師と教育係は、それぞれ王への忠誠を誓っていた）。各職は完全に独立していたため、この手の問題は起こったことがなかったが、家庭教師が独立しているのに対し、副教育係は教育係の指揮下にある。こうして、フレジュス司教は勝利を収めた。

Premier médecin du Roi

国王の第一医師

アントワーヌ・ダカンは一六六七年に王妃の筆頭主治医に、七二年には王の筆頭主治医に指名された。

筆頭主治医の官職は、君主の死によりすげかえられる唯一の職で、一七一五年にルイ一四世が他界したときには、当時筆頭主治医だったファゴンに代わる者を指名する必要が生じた。きわめて評判の高かったピエール・シラクは摂政に仕えていたので、対象外とされた。過去に王太子（グラン・ドーファン）の筆頭主治医、さらに王太子妃の筆頭主治医を務めた第一医師ジャン・ボダンこそが適任と目され、古参の宮廷人たちの支持を得た。だが彼は陰謀に長け、大胆で、摂政の敵と通じていた。一七一二年二月に王太子夫妻が亡くなったときにも、毒殺だと主張し（「ボダンは官職を失ったことに激怒して、気が触れたかのように、これは毒殺事件だと吹聴した」）、犯人はオルレアン公（のちの摂政）にほかならないと断言した。彼が指名されることなど、当然ありえなかった。

彼以外、宮廷にはこれという医師もいなかったため、ルイ・ポワリエに白羽の矢が立った。彼はマントノン夫人が設立した全寮制のサン＝シール学院の医師だった。「ボダン派は文句を言い立てたが、誰も構いはしなかった」

Premier menuet

一曲目のメヌエット

ルイ一四世の治世末期、公現祭の前夜に開かれる夜会服着用の舞踏会で、イングランド王を僭称するジェームズ・フランシス・エドワード・ステュアートは、一曲目のメヌエットをブルゴーニュ公爵夫人ではなく妹ルイーザ・マリア・テレーザ・ステュアートと踊らねばならなかった。前者は王〔ルイ一四世〕の義理の孫娘に過ぎないが、後者は王〔ジェームズ二世〕の娘だからだ。

一七七〇年には、たった一曲のメヌエットのために数百万人もの命が危機にさらされそうになった。ルイ一五世の孫である王太子とオーストリア皇女マリー・アントワネットの成婚時、王家の流れを汲み、公爵家をしのぐ地位と特権を狙っていたロレーヌ家が、ロレーヌ家とハプスブルク家はロレーヌ公兼バル公ルネ二世を通じて共通の家柄であると主張した。だが両家はその二七〇年前に分岐し、縁戚関係が意識されたことはほとんどない。

フランスのロレーヌ家の長であるブリオンヌ伯爵夫人は、娘に何とか箔をつけようと、

一曲目のメヌエットは、身分を誇示する絶好の機会だった。まず親王が踊り、次に公爵が踊る。そうした状況であれば、ブリオンヌ嬢が公爵夫人よりも先に踊ろうとしたときの騒ぎは想像がつくだろう。

この議論を持ち出した。ブリオンヌ嬢は内親王たちが踊った後に、一曲目のメヌエットを踊るようだとの噂が流れ、たちまち宮廷は大荒れになった。ロレーヌ家がこのメヌエットを口実に、親王と公爵の中間の地位を築こうとしていることは明らかだ。スペインのグランデや公爵たちは憤慨したが、国王はダンスが「重大な影響を及ぼす」ことなどありえないと明言した。踊り手は「地位、身分、特権に関係なく」相手を選ぶからである。ただし「親王と内親王だけは別で、いかなるフランス人とも比較にならず、同等と見なされることもない」。しかし国王の言葉はさらなる反感を呼んだだけだった。というのも、他の特権保有者に対して親王をあまりにも特別扱いしていたからだ。貴婦人たちは話し合って、翌日の夜会服着用の舞踏会には行かないことに決めた。それを知らされた国王は「自尊心を傷つけられ」、帽子を投げつけて、目に涙を浮かべた。王太子は激怒し、もともとフランス嫌いで知られていた神聖ローマ皇帝も機嫌を損ねてしまいかねず、あわや戦争勃発かと思われた。

宮廷人たちは、自分の領地に引き上げると脅した。ルイ一五世はこれに乗じて、年金や金銭的特権を削って支出削減につなげることもできただろう。だが彼は支出削減どころか、「何かを命令するでもなく、友情を口実に」舞踏会出席を執拗に要求しただけだった。一家の長は子たちと話し合い、すでに大金を投じてドレスを新調して、注目を集めようと楽しみにしていた娘たちは団結して、無理にでも舞踏会に行くことに決めた。宴は素晴らしかった。だが公爵も公爵夫人もグランデも踊らなかった。ただし根っからの宮廷人であるコワニー公爵だけは、踊りを披露した。

ルイ一五世のもう一人の孫プロヴァンス伯爵が翌年結婚したときには、一曲目のメヌエットは身分とは無関係で、単に国王を喜ばせるのが目的であることを強調するため、国王は王族の前で座る権利のなかったジュール・ド・ポリニャック伯爵夫人をダンスの相手に指名した。

Présentation au berceau

ゆりかごのお目見え

革命前夜の一八世紀末、王族の乳飲み子を君主として扱うしきたりは、もはや愚行と考えられるようになっていた。一七七八年一二月、長女が生まれたばかりのルイ一六世はこうしたしきたりを廃止したいと考えたが、王家の子女養育係、ゲメネ公爵夫人が気を悪くするのではと危惧した。

そこで王妃に仕えるヴェルモン神父が一計を案じた。一七七九年一月末にペリゴール子

しきたり上、王族の乳飲み子は君主として扱われたが、こうした慣例は 18 世紀末において、あまりにも旧態依然に見えた。

爵夫人が宮廷デビューを予定していたので、彼は王妃に、養育係には何も告げず、子爵夫人には姫君の寝ているゆりかごの前ではお辞儀をしないようにとだけ伝えてはと提案した。だがペリゴール夫人は王女の前ではともかく、王弟アルトワ伯爵の子たちの前に案内されると慣習通り挨拶をしたので、中途半端な結果となった。その二日後にも、各国大使の一団がゆりかごの中の王女と対面を果たした。そんなことはもうやめにしたいとの王妃の心の内を知っていた唯一の人物、ヴェルモン神父の案は、結局無に帰した。

Présentation à la cour
宮廷デビュー

宮廷に初めてお目見えする男性は、国王と狩りに行く。つまり国王の一団の馬車や馬に乗り、小居室での夕食に同席することになる。そのため、お目見えの日は狩りの日と決まっていた。お目見えする者は従者の馬車にしか乗れなかったが、身分や家柄によっては、腹心だけに許された王の馬車に乗れることもあった。当日は、馬を世話する第一猟犬係に一〇ルイ、馬車を引く御者に一〇ルイ渡し、その後、首席侍従と主馬頭に挨拶に行くことになっていた。

女性の場合は、大衣装《グラン・タビ》と呼ばれる宮廷服で正装し、日曜日に宮廷婦人を介して公に紹介される。紹介された女性は国王夫妻の馬車に乗る権利、小居室で夕餐をとる権利を与えられる。お目見え前日、当人と紹介者の女性はヴェルサイユへ向かい、「貴顕」と呼ばれる人々、すなわち王妃の女官、着付け係、内親王を訪問する。正装ドレスの裾は桁外れに長いため、お辞儀の仕方も練習せねばならない。まず扉のところでお辞儀をし、数歩進んでもう一度お辞儀をし、王妃のそばで三度目のお辞儀をする。そして右手の手袋を外し、王妃のドレスの裾を持って口づけする。王妃はドレスの裾を引き、数歩後ろに下がってこれを押しとどめる仕草をする。こうしてお目見えは完了するが、最難関はこの後に待ち受けている。社交辞令を少々交わしたのち、王妃はお目見えした女性に下がっていいと言い渡す。このとき、女性は前を向いたまま後退し、長い裾を器用にさばきながら、三度お辞儀をして退出せねばならない。

お目見えする女性がすでに折り畳み式床几《タブレ》の権利を持っている場合は、ドレスの裾に口づけする動作で自分の身分を貶めてはならず、王妃や内親王から「挨拶」を受ける。「挨拶」では右の頬を王妃に向け、王妃は自分の右頬で軽く触れる。国王と弟たちは、相手が公爵夫人か否かに関係なく、お目見えするすべての女性にこの簡素化した挨拶をしていた。

お目見えする女性が公爵夫人の場合、王妃は肘掛椅子に座ったまま待ち、相手が入ってきたら立ち上がって挨拶をし、その後座る。公爵夫人には折り畳み式床几《タブレ》が勧められる。お目見えする日の夜には、王妃や王太子妃主催のゲームの会が開かれた。

Préséances 優先権

催し物では、公爵夫人や内親王は到着順に座る。劇場、国王の夕餐、大使の謁見で、彼女たちの優先権が問題になったことは一度もない。だが王家の流れを汲むロレーヌ家は、聖霊勲章の式典でのみ公爵に対する優先権を持っていて、公爵よりも格上で親王に近い、いわば中間の地位を確立しようと以前から躍起になっていた。ロレーヌ家出身で野心的で、「大柄で力持ち」のアルクール公妃は一六九九年一月六日の大使たちの謁見で、上座にいたロアン公爵夫人をつかんで、無理やりどけて、彼女のいた場所に陣取った。ロアン夫人は何が起きたのかわからず、お辞儀をして、呆然としたまま一団の左側に移動した。しばらくすると、サン＝シモン公爵夫人が気分が悪くなった。彼女は妊娠六週間で、アルマニャック夫人が立ち上がり、折り畳み式床几《タブレ》を譲って、水を取りに行った。

この件をめぐり、あちこちでひそひそ話が交わされた。ロレーヌ家の三人兄弟は国王の狩りに同行した際に、アルクール公妃に向けられた非難をそらそうと、サン＝シモン公爵夫人はけしからぬと訴えた。サン＝シモンはラ・ロシュフコーの許可を得て、就寝の儀で国王に、妻に他意はなく気分が悪くなっただけで、折り畳み式床几《タブレ》の権利を無視したわけではないと説明した。その後ロアンに会いに行き、朝の三時までかけて、ロアン夫人に加えられた侮辱を晴らすよう説得した。

ロアン公爵はミサの後、国王と二人きりで一五分ほど話した。興奮した面持ちで部屋から出てきた公爵は、控えの間の暖炉の横で待っていた大元帥や公爵（サン＝シモンもこの中にいた）のもとに向かった。国王はマントノン夫人と口論になったようだ。国王は翌日のマルリーへの遠出からアルクール夫人を外そうとしたが、夫人はこうしたあからさまな措置を何とか食い止めた。それでもアルクール夫人はマルリーで「激しい非難を受けた」ため、性格がすっかり変わり、「穏やかで礼儀正しく」なった。彼女はロアン公爵夫人への謝罪を要求されたが、公爵夫人の居室を避け、中立地帯、すなわちポンシャルトラン夫人の居室で「一同出席のもと」謝罪の言葉を述べた。

Princes du sang

親王

親王とはユーグ・カペーの直系子孫全員を指していたが、サン＝シモンの時代になると、ナバラ王アントワーヌの弟、フランス王アンリ四世の叔父に当たるコンデ公ルイ一世の末裔、ブルボン家の分家の者たちだけを指すようになった。

一族は二つに分かれた。ロクロワの戦功者の息子たちが属する本家コンデ家と分家のコンティ家である。コンデ公は親王の筆頭であり、そのため「大公殿《ムッシュー・ル・プランス》」と呼ばれ、息子は「公爵殿《ムッシュー・ル・デュック》」と呼ばれた。

Privilège de l'Opéra

オペラの上演権

一六七二年三月一三日、リュリはオペラの上演権を手に入れた。一六五九年にヴェルサイユ郊外、イッシー村に立つ国王の金銀細工師ラ・エの田舎の家で上演されたパストラル〔田園的なテーマの声楽曲や牧歌劇〕は大変な人気を博し、パリからイッシー村までの道という道が馬車で埋め尽くされ、親王、公爵同輩衆、大元帥、宮廷人、宮廷勤めの役人が詰めかけた。おとぎ話作家シャルル・ペローもこの一団の中にいた。

このパストラルは初めてのフランス語作品であり、作曲はロベール・カンベール、作詞はピエール・ペランが手がけた。ただしペランは借金のためにバスティーユに投獄されていた。彼は裕福な寡婦と結婚して、各国大使や外国王族を王弟《ムッシュー》オルレアン公ガストンとの謁見に先導する役職を手に入れたが、息子から訴えられたのだ。彼が投獄されるのはこれで七度目だった。

しかしオペラのおかげで、監獄にいながらにして大変な利益を手にした。ただし釈放されたのは、ようやく九月になってからだった。国王もマザランや宮廷と共にイッシーまで赴いて観劇し、ヴァンセンヌでも上演され、誰もが夢中になった。一五歳から二二歳までの少女が羊飼い役を演じ、アンヌ・フォントゥーは国王付き専任歌手という希少な地位を授けられた。

リュリは当初こそパストラルを軽んじていたが、その成功を目にして、国王にオペラ制作と利益の独占権を願い出た。作詞家ペランと作曲家カンベールは異議を唱え、宰相コルベールでさえ、そんな特権は不公平だと述べた。宮廷人も、音楽家同士が切磋琢磨する方が望ましいと考え、リュリが莫大な利益を手にすることに不満を表明した。だがリュリは

リュリはイッシー村で上演されたパストラルの成功を目にして、国王にオペラ制作と利益の独占権を願い出た。

「何とも強引かつ執拗に希望し続けたので、国王は〔要求を退けたら〕、彼が腹いせにすべてを投げ出してしまうかもしれないと危惧した。そこでコルベールに、彼なくして宮廷の娯楽は成立しないので、希望をかなえてやらねばならぬと指示し、早くも翌日には実現した」。コルベールが宮廷人に語ったところによれば、リュリの手にした利益は莫大で、かえって音楽家たちの競争心を煽った。「僕《しもべ》たちは主人の意図や決断を有意義なものにするすべをつねに心得ているのである」とシャルル・ペローは述べている。

リュリが他界すると、オペラ上演権は義理の息子、フランシーヌことニコラ・フランシーニに渡った。ニコラは国王の召使頭を務めたこともある。

当時王弟《ムッシュー》は、「ずいぶんと痩せて」「大した特徴のない」ラ・カルトなる貴族に夢中で、彼を結婚させることにし、侯爵に叙して花嫁をあてがった。結婚初夜、新婚夫婦が寝台に横になると、ニコラ・フランシーニが「あらゆるオペラ音楽を詰め込んだ」長いセレナーデを奏でた。

Q

Quartier

四分の一勤務

太陽王の治世では、ほぼすべての官職や宮廷職の数は四倍に増えた。理髪師から外科医まで、誰もが「四分の一勤務」すなわち一年に三か月しか働かないようになったからだ。官職は売買制だったが、国王の義妹エリザベート・シャルロット・ド・バヴィエールによれば、取引の権利〔売買代金の回収〕は国王とその子および孫に限られており、親王は取引の権利も認められなければ、重臣や首席司祭、主馬寮長、名誉騎士になることも許されていなかったという。

内親王と同じように「ドレスのトレーン」をお付きの女性に持たせるのは、特権の一つだった。

Queue de la robe
ドレスのトレーン

ヴェルサイユで代理結婚式が挙げられた際、ハノーファー選帝侯妃ゾフィーはある宮廷作法《エチケット》に注目した。

アンリ四世の非嫡出子ヴェルヌイユの花嫁は大法官セギエの娘だったが、内親王と同じくドレスのトレーンをお付きの女性が持っていた。ただしトレーンは内親王のトレーンよりも短かった。

Quête
義援金集め

一時期、王妃や王太子妃は四旬節の日曜日のゲーム遊びの後に貴婦人たちを指名して、貧者たちのために義援金を集めさせていた。銀貨の寄付は禁じられ、最低でもルイ金貨半分相当と定められていた。

ある日、太陽王は内殿の執務室に主馬頭アルマニャック伯爵を呼び出し、そちの令嬢に

外国女性王族たちは義援金集めをしなくなり、公爵夫人たちもだんまりを決め込んだ。

義援金を集めさせてほしいともちかけた。ここ数年、外国女性王族たちは義援金を集めなくなり、公爵夫人たちはこれを批判し、自分たちもしないことにした。外国女性王族たちはかなり以前から公爵夫人と同等の身分を求めていたため、穏やかならぬ雰囲気が漂っており、彼女たちは「さりげなく」義援金集めに狙いを定めたのだ。

「爆弾」は一七〇三年に炸裂した。それまでは事情をよく知らない新参の公爵夫人たちが何人かいて、義援金を集めていた。だがこの年の四旬節、高位の女性たち(折り畳み式床几《タブレ》の特権を持つ貴婦人)は、もはや自尊心を犠牲にしてまで譲歩しないことに決めた。モンバゾン夫人は病気だと言って半日ベッドで過ごしてから、何事もなかったかのように宮廷に上がった。クーヴル大元帥夫人はスペインのグランデである自分は義援金集めを免除されると主張し、アルマニャック嬢もきっぱりと拒否した。高徳なサン＝シモン夫人でさえ、ヴェルサイユを避けてパリに残り、国王はひどく気を悪くした。一七〇四年元旦、彼は主馬頭にそちの娘アルマニャック嬢を義援金集めに動員せよと命じ、怒りに任せて、大公よりもさらに反抗的な二、三人の公爵のことはよく覚えておこうと口にした。サン＝シモンは陰で公爵夫人たちを煽っている自分のことを指しているのだと考えたが、「やみくもに動くのではなく」事の成り行きを見守った。

間もなく、サン＝シモンのせいで宮廷がこれ以上身分争いに巻き込まれないよう、国王は左遷を決めたそうだ、との噂が流れた。そこで彼は二人の大臣から助言を受けて、大胆な行動に出た。それまでの信念を曲げて、昼餐から執務室に向かう王を待ち、直談判しようと決めたのだ。

宮廷人たちは三〇分も前から、国王のブーツ脱ぎに同席しようと待っていたが、サン＝シモンは声を上げて国王の会話に割って入り、追従を並べて何とか破滅を逃れた。

ℛ

見送り
Reconduite

親王は公爵より格上の独立した身分と定められたが、同等だった時代の習慣の中には、消えずに残ったものもある。摂政の息子オルレアン公爵ルイは、客の見送りに異常なまでのこだわりを持っていて、身分の高い客人の見送りを絶対に欠かさなかった。「これは義務だ」と唱えながら、ヴェルサイユ宮殿の回廊の扉のところまで付き添っていたという。

お辞儀
Révérence

聖霊勲章の騎士は、あらゆる式典で女性がするようなお辞儀をしていたが、その由来は定かではない。

ルイ一五世時代、王太子妃が席を立つのは、自分の前で座る権利のある女性が入室した

聖霊勲章の騎士は、あらゆる式典で女性がするようなお辞儀をしていたが、その由来は定かではない。

ときだけで、パルマ公と結婚したルイ一五世の王女ルイーズ・エリザベートもこれに従っていた。ロアン＝シャボ公爵の義娘レオン夫人にはこの権利がなく、ひどく気に病んでいた。そこであるとき、この権利を持つ二人の貴婦人とともに王女のもとを訪ねようと思いついた。そうすれば、王太子妃も立ち上がるだろうし、自分もその栄誉にあずかれるというわけだ。そこで彼女はブランカ夫人とギーズ公妃を選び、三人で王太子妃の部屋に向かった。だがブランカ夫人が部屋に入ると、扉番は後の二人を押しとどめ、その間夫人はお辞儀をした。次にギーズ公妃が入室し、同じようにお辞儀をした。とうとうレオン夫人の番になったが、王太子妃は立ち上がらなかった。

Révérence en mante

喪のヴェールでの挨拶

ポーランド王の妃でロレーヌ公と再婚した「王妃兼公爵夫人」エレオノーレ・マリア・ヨーゼファ・フォン・エスターライヒが他界すると、ロレーヌ家の女性たちは喪のヴェール（かつらから足元にまで垂れる黒いクレープ地のヴェール）をまとって王を訪れ、挨拶をした。これをめぐって公爵夫人たちの間に「分裂」が生じた。ロレーヌ公の認知されていない従姉妹に当たるリルボンヌ公妃は故人ともっとも近い縁戚として、娘たちを従えて先頭を歩くことを要求した。フランスにおけるロレーヌ家の長子の寡婦であるエルブフ夫人は、彼女の要求を鼻で笑い、上位に立った。そのためリルボンヌ公妃と娘たちは、挨拶に行かなかった。モナコ公妃でロレーヌ家とアルマニャック家の血を引くグリマルディ夫人マリー・ド・ロレーヌも欠席した。サン＝シモンは「彼女は何を吹き込まれたのだろう」と首をかしげている。

Saluts à la Grand-Chambre

大法廷での敬礼

パリ高等法院の大法廷、いわゆる裁判所では、国王の息子、親王、同輩衆は互いに敬意を表していた。公爵同輩衆が入り口に姿を表したり、暖炉の横に立ったりすれば、国王の息子たちも親王も帽子を脱ぎ、立ち上がり、互いにお辞儀をし、相手が座るまで立っている。国王の息子たちは、高等法院長に対しては座ったまま帽子を脱ぎ、お辞儀をする。

矛盾してはいるが、高等法院のメンバー（彼らは法服貴族であり、ブルジョワ出身だった）は座ったままだ。「同輩衆が入ってきたときに、国王の息子、親王、同輩衆が立ち上がるのに、法服貴族は座ったまま、帽子を脱ぐだけとは少々奇妙な光景だ。これは法学者たちが同輩衆の長椅子の足台に座っていた頃の名残のようだ。ずいぶんと低いところに座っていた彼らは、貴族が入室しても立ち上がらなかった。あまりに身分が低く不釣り合いなので、挨拶の必要もなかったのだろう」とサン＝シモンは推測している。

サルヴ
Salve

公爵夫人は王妃にシュミーズやサルヴを渡す特権を持っており、王妃のお付きの女性がこれを奪うことは決してなかった。サルヴとはスペイン語のサルバ（守る）から来ており、金メッキを施した楕円形の小皿で、「小箱、小袋、懐中時計、扇子が入っていて、刺繍を施したタフタに覆われている。これを取り外して、王妃に差し出す」のである。

この「栄誉」は「一律に」、その場にいるもっとも旧家の公爵夫人に与えられていた。かつてルイ一三世は、妻が故国スペインと「邪悪な計略」に走っているのではないかと疑い、「首まで」追求させたが、女官セヌセ夫人は王妃を守り、王妃は生涯彼女に恩義を抱き続けた。ルイ一三世が他界し王妃が摂政になると、宮廷から追放されていた夫人はお付きの女性として呼び戻され、娘フレクス夫人も母からの襲職権を認められて女官に任命された。二人には王妃の特別の計らいにより折り畳み式床几《タブレ》に座る特権が与えられ、一時貴族たちにより取り上げられたものの、その後戻された。また王妃の馬車に乗る権利も認められ（つねに末席だったが）、内親王が不在の場合には、公爵夫人やロレーヌ公妃に優先して、シュミーズとサルヴを王妃に渡す権利を与えられた。

Sculpteur en cire du Roi

国王の蠟人形師

アントワーヌ・ブノワは国王の唯一の「蠟人形師」だ。

彼は二度にわたり国王像を制作し、その功績が認められて、一七〇六年に貴族に叙された。一七〇五年に手がけた六七歳の太陽王の像には天然痘の痕と老齢が刻まれ、ひげの剃り残しもあり、レースをまとっている。国王から「余は年老いたか？」と尋ねられたブノワは、「陛下の額には、さらにいくつかの勝利が刻まれております」と答えた。

「肉感的で死を感じさせる」技術のおかげで、ブノワは栄達を遂げた。彼は国王の取り巻きたちの実物大の像を制作し、人々はリアルな宮廷人の姿を見ようとお金を払ってまで詰めかけた。ゲメネ公爵は再婚した翌日に像を見に行き、そのわずか三か月前に他界した亡妻の像を見て涙が止まらなかった。「ああ、妻が生きていたら、決して再婚などしなかったものを」と。

一七〇五年の謝肉祭にヴェルサイユで開かれた舞踏会では、前年に使われた蠟仮面が再び登場した。宮廷人の顔を毛細血管、シワ、産毛、ほくろ、顔色に至るまで正確にかたどったもので、彼らはこれを交換して、大いに楽しんだ。若く魅力的なヴィルロワ公爵夫人は高徳だったが、エヴルー伯爵に恋をしていた。伯爵の仮面をかぶった宮廷人とメヌエットを踊った公爵夫人はすっかりのぼせ上がってしまい、必死に夫の前で取り繕う姿に、宮廷人たちは陰で笑い合った。一方、ユゼス公爵は仮面をつけた王太子の「尻を蹴ってしまい」、ずいぶんと気まずい思いをした。仮面を重ねてかぶっている者もおり、誰が誰なのかさらにわからなくなった。一年経っても、仮面は生き生きとして色鮮やかだった。ただブリニュー侯爵とヴァルティニー侯爵の仮面だけは青白く、「亡くなったばかりの人のような顔色になっていた」。実際彼らは前年の冬、戦場で落命したとサン＝シモンは語っている。ただし彼は超自然を信じなかった。

Sérénissime
「尊顔麗しき《セレニッシム》」

「尊顔麗しき《セレニッシム》」の尊称は、デンマークとの一連の外交トラブルを引き起こした。「マイヤークロン事件」として知られる出来事で、大使先導官ブルトゥイユをずいぶんと悩ませた。その五〇年ほど前からデンマークの王位は世襲制となり、フランス王と書簡を交わすたび

デンマーク王はフランス王と対等の扱いを主張した。

に、同等の地位を主張した。それ以前、デンマーク王の手紙はラテン語で書かれ、フランス王に「尊顔麗しき《セレニッシム》」の尊称を使っていた。これに対し、フランス王はフランス語で返信し、単に「貴殿《ヴ》」とだけ呼びかけていた。だが今では、デンマーク王は「陛下《マジェステ》」と呼び合うよう要求し始めたため、信任状なしには大使を任命できない両国は、しばらく前から互いの国に大使を派遣できず、コペンハーゲンにフランスの秘書官一名が駐在しているだけだった。

デンマークから派遣されたマイヤークロンは、ブルトゥイユに迫った。神聖ローマ皇帝とスペイン王は、書簡ですでに「陛下《マジェステ》」の尊称を使っている。その上デンマーク諸侯たちは、以前は立ち上がってフランス大使を迎えていたのに、フランス王のように「冠をかぶったまま」、すなわち座って帽子をかぶったまま迎えると言い出した。

ブルトゥイユは経験上、「デンマークはこうした対等な扱いをきわめて迅速かつ容易に手にするだろう」と不満を漏らした。マイヤークロンは二二年も前からデンマーク特使としてフランスに住んでおり、帰任しようにも国王に謁見を願い出なくてはならず、断られることを恐れて、フランスで生涯を過ごすことになろうかと考えていた。実際には、フランスはナントの勅令の廃止（当時多くの人がひそかにプロテスタントに帰依していたが、信教の自由を認めた勅令の廃止にユグノーは衝撃を受けた）に伴い、大使の召還を希望した。

マイヤークロン夫人は陰謀に長けた人物で、礼拝のために自宅にプロテスタント教徒を迎え入れ、彼らからずいぶんと頼られていた。死に際の者に信仰表明をするよう迫ることもあった。だが折り悪く、彼女の教区サン・シュルピスの神父たちは、住民の動きをひそかに探っては宮廷に密告しており、夫人に対抗して彼女の小間使いをカトリックに改宗させた。この小間使いは夫人に連れられてドイツからフランスにやってきたルター派信者で、両者の対立は激化した。

一七〇五年、ルイ一四世はマイヤークロンをデンマークに送り返したが、デンマーク王からの書簡がなかったため、離任の謁見は許されなかった。

Serviette du Roi

国王のナプキン

太陽王の死後、メーヌ公爵をはじめとする非嫡出子たちは王令により親王としての特権を取り上げられたが、公爵の息子ウー伯爵はこの特権がまだあるかのように振る舞っていた。一七一七年七月一〇日に、国王ルイ一五世が手を洗う際に渡されるナプキンを手に取ったのもそうした行動の一つだ。侍従頭はおらず、ウー伯爵を親王と認めない首席侍従モルトマールは、ナプキンを取り戻そうとしたが、伯爵は放さず、幼い国王に渡した。モルトマールは摂政に苦情を申し立てると警告した。当時宮廷では、生前の太陽王が、非嫡出子に嫡出の親王と同様の権利を認める特別な勅許状を作成していたとの噂が流れていた。

土曜日、ウー伯爵は再び同じ行動に出た。首席侍従ラ・トレムイユは大侍従を務める公爵殿《ムッシュー・ル・デュック》ことコンデ公ルイ四世アンリから、ナプキンは伯爵ではなく国王に直接渡すよう命じられ、命令に背けば職務から外すと言い渡された。日曜日の夕餐の数時間前、幼いルイ一五世の教育係ヴィルロワ大元帥は、ラ・トレムイユに反対の命令を出したが、大侍従の指示に従うつもりのラ・トレムイユはヴィルロワに、自分は上司である公爵殿《ムッシュー・ル・デュック》の命令にしか従えないと答えた。ヴィルロワは国王の夕食の時間を遅らせ、摂政のもとへ行き、かつて国王が定めた序列をないがしろにすれば夕食は大騒ぎになるだろうと伝えた。摂政はヴィルロワの主張を認め、この件の責任は自分が取ると述べた。月曜日、コンデ公は摂政の閣議で激しい不満を表明し、今後は王令で非嫡出子を何らかの官職に指名したり、国王の叔父として扱われたりしないようにするつもりだと述べた。摂政はこの主張にひどく気を悪くし、公は友人たちの助言に従って、その日の夜のうちに謝罪した。

以来、ウー伯爵は国王の食事の席から姿を消した。

Siège pliant

折り畳み椅子

折り畳み式床几《タブレ》と折り畳み椅子はほぼ同等で、国王の孫の前で背もたれのついた椅子に座ることが許されているのは親王、公爵夫人、外国女性王族だけだった。その他の宮廷婦人、公爵、外国王族には折り畳み椅子か折り畳み式床几《タブレ》しか許されていなかった。ギーズ公爵の妻はオルレアン公ガストンの娘、国王の孫娘だったが、私的な場でも折り畳み椅子にしか座れなかった。

折り畳み式床几《タブレ》と折り畳み椅子はほぼ同等で、国王の孫の前で背もたれのついた椅子に座ることが許されているのは親王、公爵夫人、外国女性王族だけだった。

　スペクタクルの間は貴婦人たちも座ることができた。ある日、王妃が王太子の乗馬訓練を見学するために馬場にいたところ、女官はこれはスペクタクルとして考えてよいのかどうかと尋ねてきた。王妃はそうだと答えて、折り畳み椅子を持ってこさせた。

　王妃が折り畳み椅子に座ったこともある。ルイ一三世は、王妃が王弟《ムッシュー》と裕福なモンパンシエ女公マリーとの結婚を食い止めようとする陰謀に加担しているのではないかと疑って、大評定院に母后とリシュリューを召喚し、王妃アンヌ・ドートリッシュを同席させた。侍従ラ・ポルトは「何が起こったのか正確には知らないが、国王は王妃を肘掛椅子ではなく、折り畳み椅子に座らせたと聞いている。被告人尋問用の席のような椅子に座らされた王妃は、犯罪者のごとく尋問を受けた」と回想している。

Soutenir le manteau du Roi

王のマント持ち

　一六九一年、聖霊降臨の主日の前日、腺病患者に触れた国王は〔聖性を備えた王は病人に触ることで治癒を促すと考えられていた〕、「マントが引っ張られるのを感じた」。司法部長ラ・サルと近衛隊長ブリサックは、「誰が国王のマントを持つ栄誉を担うか」で激しく張り合っていた。三か月勤務ではなかった近衛隊長は、この役目を勝手に自分のものだと主張し、ラ・サル侯爵はマントを持つのは衣装部の仕事であり、衣装部最高責任者であるラ・ロシュフコー公爵が不在の場合は、自分がマントを持つべきだと主張した。国王は「口論など聞こえないふりをしていたが、マントが引っ張られるのを感じた。そしてこの問題について報告を受けたときには、マントを持つ役は誰のものでもないと宣言した」

Souverains en exil

流浪の君主

一六八九年一月、太陽王は亡命してきたイングランド王夫妻〔ジェームズ二世〕を、いまだ最高権力者であるかのごとく丁重に受け入れ、これまでにない栄誉を与えた。彼は六頭立て馬車一〇〇台を連ねて夫妻に会いに行き、一歳の王太子に挨拶をし、王妃のもとに「駆け寄り」、馬車では自分の右側に乗せ、王弟《ムッシュー》と王太子を紹介した。

ルイ一四世は王太子妃を真っ先にイングランド王妃に挨拶に行かせようとしたが、王太子妃は具合が悪いと言い、「前例のないことにもかかわらず」、自分はベッドにいるが、国を追われた王妃を「右側の肘掛椅子」に座らせてほしいと伝えた。

王妃は黒いヴェルヴェットの美しいドレスに身を包み、髪を完璧に結って準備を整えた。セヴィニェ夫人によれば、威厳に満ちて優雅だったそうだ。国王は王妃を自分の居室に案内し、「上座」すなわち自分の右側の肘掛椅子を勧め、その後王太子妃のもとに連れていった。王太子妃は立って待っていた。王妃は驚いて、「マダムは横になられていると思っておりました」と口にした。王太子妃は「マダム、王后陛下の栄誉あるご挨拶を受けるため、立ったままお迎えしたかったのです」と答えた。王太子妃は国王の前では肘掛椅子に座れなかったので、王はその場を後にした。イングランド王妃は「的確に」自分のために用意された肘掛椅子に座り、その右には王太子妃、左には王弟妃《マダム》が座り、若い親王は肘掛椅子に座った。一同は三〇分以上も話に花を咲かせた。「多くの公爵夫人や、宮廷人が訪問しました。（中略）内親王のように振る舞いたい女性たちは、王妃のドレスに口づけせず、数人の公爵夫人も同様でした。国王はこれに気を悪くしましたが、今では婦人方は王妃の足に口づけして敬意を払っています」とセヴィニェ夫人は書いている。

セヴィニェ夫人は、王太子妃がどこまで王妃を見送ったのかは知らなかったが、その後、衛兵の間まで付き添ったことが判明した。これは王太子妃としては異例の距離だ。イングランド王はルイ一四世から、第二の宮廷としてサン＝ジェルマン城を与えられ、一月九日、王太子妃と全宮廷はサン＝ジェルマンに向かった。セヴィニェ夫人は早くも一月九日に「ス

ルイ一四世は亡命してきたイングランド王夫妻を受け入れ、栄誉を与えて丁重にもてなした。王妃を「上座」すなわち自分の右側に座らせたのも、その一つだ。

ペイン王妃とのときには内親王たちは椅子を与えられましたが、今回はどうだったかは存じません。イングランド王妃はフランス王女と同等の扱いを受けました。細かいことについては、またお知らせしましょう」「国王はイングランド王に一万ルイ金貨を贈られました」と締めくくっている（だがイングランド王は断った）。

襲職権
Survivance

一六九九年三月二四日、ルイ一四世は先人たちの定めた王令を廃止した。王令は、近侍、衣装部近侍、外套持ち、扉番など、宮内府職員としては二番手の陪食官たちを貴族に叙すことを定めていた。彼らは二五年間勤めれば、近習の身分を与えられるが、子への継承は一切認められない。身分を得た者は、宮廷での官職も与えられる（国王の主馬官ラ・エは、ベリー公爵に指名されて公爵の近習になった。その上公爵夫人は彼を自分の侍従、そして愛人にしたいと望み、彼と駆け落ちすることさえ考えた）。

国王は官職の襲職権（官職を子に相続させる権利）を気前よく認めていた。一七〇一年には、四分の一勤務の首席近侍ニエールに、彼の一五歳の息子への襲職権を認めている（彼の父は音楽の才能に恵まれ、かつてアルプス山脈のスーザの町〔現イタリア〕に遠征していたルイ一三世の孤独を美声でなぐさめたことから、国王の首席近侍に取り立てられた）。国務卿ルーヴォワの長子も襲職権を認められ、近親者からサン・スイス連隊長の職を継いだ。これは前代未聞で、スルシュ侯爵は「こうした重職の所有権が親族に譲られた例は聞いたことがない」と述べている。

売買可能な官職の襲職にはリスクが付きまとう。官職保有者は後継者指名後、四〇日間官職を手放す。この間に保有者が死亡した場合、官職は国王に戻されて、国王は新たに後継者を指名できる（すなわち売ることができる）。これに対し、官職世襲制《ポーレット》（売買ではなく世襲による官職の譲渡システム。このシステムを考案した役人ポーレの名に由来する）も売買が可能だが、四〇日間の縛りはない。主に女性に有利なことから、「女性の王令」とも呼ばれていたが、フロンドの乱の一因となった。

Table
テーブル

王は昼餐の席で、実子と孫にしか座ることを許さなかった。ただしマルリーへの遠出や戦場では別で、マルリーでは、座ることを勧められた貴婦人はもちろん、その場にいるすべての女性が国王の前で座ることもあった。軍隊にいるときの国王は、主だった諸侯や軍の上層部と食事を分け合っていた。

通常、太陽王の夕餐では貴婦人だけが折り畳み式床几《タブレ》に座っていたが、王太子妃が初夏に他界すると、ひと騒動起こった。王弟《ムッシュー》夫妻は夏中サン＝クルーに滞在したが、特権を持たない貴婦人たちが「〔座る〕権利を主張し、大混乱となった」とサン＝シモンは記している。王女や王妃不在の中、国王の前で座る権利をめぐり、身分の秩序がガタガタになったのである。結局要求は「きわめて不適切とされ、却下された」

孫アンジュー公爵がスペイン王に即位すると、ルイ一四世は彼を君主として扱った。夕餐の席では、王太子や王族たちはテーブルの端や周囲の折り畳み椅子に座っていたが、アンジュー公爵にはルイ一四世の右に肘掛椅子が用意され、食卓盆（カトラリーを入れた小箱）が置かれた。飲み物は国王同様、脚付き盆に載せられて蓋がされ、試飲に付された。

Table d'honneur

栄誉の食卓

「頭《グラン》」と名のつかない職員からの統括を受ける使用人たちは、大共同棟で国王の費用で食事が賄われていた。これを、「栄誉の食卓《ターブル・ドヌール》」と呼ぶ。たとえば、専任侍従は首席侍従の指示を受けていたため、「ごく下級」と見なされていたのに対し、主馬寮長は主馬頭《グラン・エキュイエ》に従っていたため、宮廷人の身分であった。この食卓はもともと宮廷人一般を対象としており、ルイ一五世時代中期まで、宮廷人たちはごく普通にここで食事をしていた。だが時間と共に境界線が生じ、宮廷との扉が閉じられたのである。

Table ronde

丸テーブル

マルリーでは宮廷作法《エチケット》は緩和されていた。テーブルも、偶然に任せて「右や左に」座れるよう、丸いものが使われた。「旅に同行する」貴婦人たちは全員、国王の居室とマントノン夫人の居室の間の小サロンで、食事をとることが許されていた。小サロンには丸テーブルが三脚置かれていた。

国王は王家の子と内親王と同席するが、オルレアン公爵だけは別扱いで、本人が狩りで不在でも一家専用のテーブルがあった。三脚目のテーブルはそれよりも小さく、「誰もが自由に」座ることができたが、内親王は内親王同士、公爵夫人やその他の高位の女性たちも仲間同士で固まっていた。「座る特権のない女性たちはテーブルの周りを囲む。中央にはマントノン夫人が座っていたが、もうずいぶんと以前から、この場では食事をとらないようになっていた」

シャルル一〇世は英国に亡命する道中、不動の冷静さを見せたと言う。だが宮廷作法《エチケット》が少しでも侵されようものなら、烈火のごとく怒った。大波のせいですぐに海峡を渡れず、ノルマンディー、レーグルの貴族の館に滞在したときのこと。国王の到着直後、鋸の音が聞こえてきた。「国を追われた国王の昼餐」で席次が明確になるように、近侍たちが丸テーブルを正方形に切っていたのだ。

マルリーで使われていた丸テーブルは、宮廷作法（エチケット）が緩和されていたことの象徴だ。各自が思い思いの場所に座っていたが、のちにシャルル一〇世は正方形のテーブルを使うことにし、再び身分に応じて席次が定められた。

Table en Ville

市庁舎のテーブル

一六八七年一月三〇日、ルイ一四世はパリ市庁舎で昼餐をとり、商人頭〔市の首席役人〕が給仕を務めた。

彼の妻は王太子妃に給仕をしたが、その夜のうちに卒中の発作に襲われて落命した。フランス国王が市庁舎で昼餐をとったのはこれが初めてだが、フロンドの乱の直前と直後の一六四八年と五五年に軽い間食をとったことはあった。そのときには当時の商人頭の妻ル・フェロンがダンスを披露したものだ。

一六八七年の昼餐では五五人が出席した。内親王、国王の子、着付け係の女性たち全員が国王とテーブルを囲んだ（地方滞在時は別として、王弟《ムッシュー》以外の男性は、王と食事をすることはできなかった）。市内の水飲み場では、一日中ワインが振る舞われた。王はヴィクトワール広場で馬車から降りて彫像を検分し、王太子妃は個人宅に案内され、バルコニーに姿を現して群衆に金を投げた。

Tabouret
折り《タ》畳み式《ブ》床几《レ》

　公爵同輩衆の妻は王妃の前で折り《タ》畳み式《ブ》床几《レ》に座る権利があり、「座る権利のある貴婦人《ダーム・アシーズ》」とか、より直接的に「折り《タ》畳み式《ブ》床几《レ》」と呼ばれていた。サン＝シモンは、「宮廷には数えきれないほどの折り《タ》畳み式《ブ》床几《レ》がいる」と不満を漏らしていた。この特権は親王や内親王にも適用され、ロレーヌ家が外国王族として認められると、同家の女性は全員、折り《タ》畳み式《ブ》床几《レ》の権利を与えられた。後年のブイヨン家やロアン家も同様である。

　彼女たちは国王の夕餐でも折り《タ》畳み式《ブ》床几《レ》に座る権利があったが、国王から「マダム、お座りなさい」と形式的に勧められるのを待たねばならなかった。大使も王妃の昼餐で座る権利があったが、使節夫人には認められていなかった。つまり大使が神聖ローマ皇帝の使節になった場合、彼女たちは折り《タ》畳み式《ブ》床几《レ》に座る権利を失うことになる。

　アルベマール公爵夫人はブルゴーニュ公爵夫人の前で折り《タ》畳み式《ブ》床几《レ》に座ることを許された。彼女はその六週間前にイングランド王ジェームズ二世の非嫡出子と結婚したばかりで、近侍たちは習慣に従って、一〇〇ピストルをもらいにアルベマール夫人のもとへ行ったが、夫人は公爵夫人なら払うべきでしょうが、国王の義娘は別ですと答えた。この態度は非難の的となったが、ルイ一四世はイングランド王への配慮から、女官リュード公爵夫人を通して、アベマール夫人にいかなる無心もしないよう近侍たちに言い渡した。

　太陽王の治世末期、親王は普段から背もたれのついた肘掛のない藁椅子に座っていた。藁椅子は宮廷では使われたことがなかったので、儀典では想定されておらず、厄介な身分の規則に縛られることもなかったのだ。

Tabouret de Grâce
寵愛の折《タ》り畳《ブ》み式床《レ》几

　王妃の集まりで着席を許されることを「寵愛の折《タ》り畳《ブ》み式床《レ》几」と呼ぶが、前例として認められることはなかった。トロワのノートル＝ダム女子大修道院長リュクサンブール嬢マリー・ルイーズ・クレール・ド・リュイーヌは、父親の違う妹マドレーヌ・ド・クレルモン＝トネールと大貴族の結婚への合意を求められた際にこの特権を手にした。

　サン＝シモンによれば、リュクサンブール嬢は「何かと異論を唱える」たちだったので、結婚を根回ししていた者たちは、修道院の「柵越し」に彼女と面会し、貴女は公爵夫人の初婚の子であり、修道誓願前はピネー公爵領を継承したのだからと言って、教皇から「特段の厚情により与えられる」特別許可を提示し、還俗して寵愛の折《タ》り畳《ブ》み式床几《レ》の権利を得ることができると伝えた。その上、王妃の女官に取り立てられて、ロレーヌのプセ盛式女子修道院長補佐として、帽子に小さな印（白と黒の小さな布地）もつけられるという。何よりも彼女の決意を促したのは折《タ》り畳《ブ》み式床几《レ》の権利だ。そこで誓願は守ったまま、すぐに帽子の印は取り外し、折《タ》り畳《ブ》み式床几《レ》の権利は維持して、妹の有利な結婚に合意した。

ユミエール大元帥（彼が怒った姿は何とも滑稽で、特にゲームの最中に怒ると周囲の笑いを誘った）は、長女をイザンギャン公と結婚させた際、これといった理由もなく折《タ》り畳《ブ》み式床几《レ》の権利を与えられた。その後も特に理由もないまま、彼の長男やその子たちにも同じ権利が認められた。「めったにないことに」、何かが変わるわけでもなく、男性から男性へ身分を伴わず栄誉だけが受け継がれた。

Tapissier du Roi
国王の寝台係

喜劇作家モリエールは父ジャン・ポクランから国王の寝台係の職を受け継ぎ、ルイ一四世の寝台を整える仕事をしていた。ある日出勤すると、もう一人の近侍が、自分は役者風情と国王の寝台を整えるつもりはないと言って乱暴に出ていった。そこにベロックが近づいて、「モリエール殿、一緒に国王の寝台を整えましょうか」と聞いてきた。この話は国王の耳にまで届き、近侍は厳罰に処された。

一八世紀末、フランス革命が勃発して国王一家はタンプル塔に幽閉された。カペー夫人と呼ばれるようになったマリー・アントワネットは、使用人の出入りが禁じられると、「自分で掃除をしましょう。ただし寝台係を送ってもらって、どのように寝台を整えるか教えてもらわねばなりませんわ」と言った。

劇作家で役者のモリエールは父から寝台係の官職を受け継いだ。

Tâter le pouls

脈を取る

一七五二年八月初旬、王太子が天然痘にかかると、宮廷は彼の部屋を避けた。人々はルイ一五世の居室を訪ね、ルイ一五世は絶えず使いを王太子の控えの間にやって、看病をしている者たちに容体を尋ねた。峠となった五日間、侍従たちは昼も夜も付き添った。回復し始めた王太子のもとには、たくさんの人が詰めかけた。最初は上級官職者たちだけに入室が許されていたが、主治医だけで二〇人もいた。しかもほとんどの医師に王太子の脈を取る権利があった。

Tirer le rideau

カーテンを引く

衣装部長であるシャレ公は、就寝中のルイ一三世の寝台のカーテンを引く機会が何度もあった。噂によれば、彼は王妃が王弟《ムッシュー》と結婚できるよう、国王の命を奪おうかと思ったことが幾度かあったが、そのたびに国王への敬意から思いとどまったそうだ。侍従ラ・ポルトは、そんなのはたわごとだ、と腹を立てた。そもそも国王が寝ているときに部屋にいるのは衣装部長ではなく、首席侍従か首席近侍なのだから、そうした話が中傷に過ぎないことは明らかだ。

結婚式の夜、内親王は「未婚の内親王」を除く全宮廷婦人の前で服を脱ぎ、寝台に横になり、カーテンが引かれる。そこに新郎が寝着姿で、国王と親王全員に先導されて入室する。そして寝台に入ると、夫側のカーテンも引かれる。宮廷司祭が寝台を祝福して、儀式は終了となる。

こう記録を残したのはジャンリス夫人だが、いつも同じように進行するとは限らなかった。クロイ公爵によれば、一八世紀では新郎新婦がナイトキャップをかぶって横になると、再びカーテンが開かれて、「全員がしばらくの間二人を見る」。気詰まりな儀式で、人々に姿をさらさねばならない王や大貴族の窮屈さが慮られる」。王太子の再婚を手配したサックス大元帥はルイ一五世から、「王太子妃に何か言葉をかける」よう命じられ、戸惑いながら声をかけた。その後全員が退室し、国王と王妃も直後に部屋を後にした。

一七一〇年七月のベリー公爵の結婚式では、寝台が祝福された後、国王が新郎に、ブルゴーニュ公爵夫人が新婦にシュミーズを渡し、ボーヴィリエ公爵が新郎側のカーテンを、首席女官サン＝シモン公爵夫人が新婦側のカーテンを閉めた。午前〇時半前には、全員が部屋から出た。

翌朝一〇時半頃、ミサから出てきた国王は新郎新婦に挨拶をしに行った。新郎ベリー公爵は色好みの派手な人物で、ゆっくり寝ていたいのに国王を迎えるために起こされ、着替え終わった直後だった、早くも一一時には宮廷人たちが祝福に駆けつけ、特権保有者たちは新婦に口づけし、その他の者たちは新婦のドレスの裾に口づけした。宮廷は喪に服していたので、ランスクネのゲーム会が大々的に開かれただけだった。新郎新婦は金刺繡とダイヤモンドがちりばめられたタフタの黒服を着ていた。

晩餐会では、二八人の王族が着席した。食卓は食堂のテーブルのように長細く、国王が端に座り、性別にかかわらず身分順に席が決まっていた。結婚式であることは考慮されず、新郎新婦は父である王太子と国王の二番目の嫡出男子に次ぐ席だった。非嫡出子は反対側の端の席で、メーヌ公爵は内親王である妻より四席後ろだった。

裁判官席を横切る

Traverser le parquet

親王は法を司る高等法院では、公爵たちの前、すなわち上席に着いていた。早い時期から、彼らは自分の席に行くのに、シテ宮殿（パリ中心シテ島の中世の王宮で、コンシェルジュリーが入っている）の大法廷の裁判官席を横切る権利を持っていた。アンシャン・レジームにおける大法廷の裁判官席は囲いのついた「小さな場所」で、床は木材でできており、ここで代訴人が審問を開く。討議中も含めて「裁判官席を横切る」権利は、もともと高等法院長とフランス王の息子だけに限られており、同輩衆は席に座るのに、横側に置かれた長椅子越しに迂回しなければならなかった。だがアンリ四世の流れを汲み、当時王位継承権を持っていたコンデ公アンリ二世がある日この席を横切り、その後も親王として権利を維持した。彼の息子アンギャン公爵〔のちの大コンデ公〕は父について横切ろうとしたが、父は振り返って彼を止めた。だがロクロワの戦いで勝利を収めた息子は、「前にお進みになって、私もついていかせてください。誰が止めるというのでしょう」と答えた。実際、誰も止めることはなく、親王たちは勝手に手に入れたこの権利を決して手放そうとしなかった。

その後、ルイ一四世は認知された非嫡出子にもこの権利を拡大した。王が他界し、非嫡出子たちの親王としての地位は撤回されたが、メーヌ公爵とトゥールーズ伯爵だけは生涯この権利を持ち続けた。

V

Valets de chambre de la Reine

王妃の近侍

ルイ一四世妃マリー＝テレーズは公衆の前で髪を結われ、鯨ひげの入った白くて軽いコルセットを着用してから、近侍から服を渡される。ロカテッリ神父によれば、「騎士《キャヴァリエ》」が「コルセットの装飾品」を王妃の胴回りにつけていた。「騎士《キャヴァリエ》」とは王妃の近侍を指す。ドレスのひもを縛るのも近侍の仕事で、宝石を髪に飾ったりコルセットの着付けを手伝ったりするのは女性の役目だった。

身支度が終わった王妃は、「すでにお目見えした者を含む外国人の方へ向き、優雅にお辞儀をして」母后の居室の方へと「飛ぶように移動する」。この間、彼女は一言も口にせず、身振りで意思を伝えていた。

Voir le Roi

国王に会う

一六九三年三月、ルイ一四世はフランドルの捕虜の列とすれ違った。すると、徒刑囚らはひざまずいて赦しを哀願した。というのも、国王の目に入った死刑囚には恩赦が与えられていたからである。彼らは死刑ではなく漕役刑に処されただけだったが、それでも国王の恩赦を期待した。実際、国王は恩赦を与えた。しかも五九人の囚人のうち五八人は脱走兵だったので、「快く」赦し、一〇年間仕えることという条件付きで、それぞれの連隊に戻した。

Violet

紫色

フロンドの乱に加担したルイは勅許状により一六五〇年に公爵となった。彼の娘アンヌ＝マリー・ド・ラ・トレムイユ＝ノワールムティエは、ブラッチャーノ公爵と結婚した。ブラッチャーノは裕福なことくらいしか取り柄がなかったが、太陽王も宮廷人も、「ローマで彼ほどの尊敬を集める人物は、国王にとって利用価値が高い」との言葉を信じた。夫婦には子どもはおらず、夫人は美しく社交に長けていたが、借金の清算のためブラッチャーノの土地を売り、家名を手放さねばならなかった。その後彼女は「ウルサン公妃」の名を得、「広く知られることになる」。夫が他界すると、彼女はウルサン家の長子だけに認められた特権で、邸宅内を黒ではなく紫の布で覆って喪に服そうと考えた。だが、普段から彼女を庇護し、債権者が邸宅を差し押さえないように尽力したブイヨン枢機卿が、黒の方が適切だと反対した。二人は言い争いになり、「すっかり仲違い」したが、教皇は彼女に軍配を上げた。

ニコラ・アルヌー　国王の版画師

本書の挿絵は数点を除いてすべて、ルイ一四世時代の版画師ニコラ・アルヌーの作品である。宮廷を描いた彼の版画は、偉大なる世紀《グラン・シエークル》と呼ばれたルイ一四世時代のもっとも広範かつ多様な作品群の一つである。確認されている彼の最初の作品は一六七四年のもので、フランシュ・コンテ地方を征服したルイ一四世が描かれている。だがアルヌーがもっとも手腕を発揮したのはモード版画の分野だ。豪奢な装い、権力の印（大元帥の杖、聖霊勲章の青綬）、特権的な貴婦人たちの「ドレスのトレーン」や、帽子を脱がない特権、折り畳み式床几《タブレ》に座る特権など宮廷のあらゆる特権を持つ大物たちが描かれた彼の版画は、肖像画をしのぐほどの見事さだった。

彼が描く人物はいずれも気品、富、威厳を備えている。当時とりわけ人気を博した、身なりを整える女性、官能的で親密な食事、「お忍びの」散歩など、艶めいた場面を描いた作品でさえ例外ではない。

アルヌーは刊行も手がけており、パリの中央市場地区、フロマジュリー通り、ボン・レザンで版画を販売した。彼の人生についてわかっていることはごくわずかで、兄弟の結婚時の公証人の書類に出てくるだけだが、本格的に活動を始めたのは一七〇一年以降と考えられる。

ジャン・デュー・ド・サン・ジャン、アントワーヌ・トゥルーヴァン、ボナール兄弟、ジャン・マリエットなど当時の版画師の例にもれず、アルヌーも決して宮廷作法《エチケット》をあからさまに描かず、特権と優先権を基礎とする社会へのまなざしを素描した。回想録作家たちの手記は文字通り読者を当時へと連れて行くが、アルヌーの版画も、歴史家や「民主的」社会道徳を通した解釈を超えて、謎に満ちた世界の中心へと私たちを誘い込む。群を抜いて厳格な宮廷作法《エチケット》により支配されたこの社会を素朴に理想化した版画は、観る者を惹きつけてやまない。

訳者あとがき

オーストリアからフランスに輿入れしたマリー・アントワネットが、「この宮廷では身分の低い者が目上の者に話しかけてはならないのです」と言われ、ルイ一五世の寵姫デュ・バリー夫人と仏墺同盟をも巻き込みかねないいさかいに発展した話は有名だ。国王ルイ一五世でさえこのルールを覆すことはできず、当時宮廷の最高位の女性である義孫娘が何とか自分の愛人に話しかけるよう手を回さざるを得なかった。それほどルールは強力だったのである。このルールを宮廷作法《エチケット》という。

本書（原題：*L'Étiquette à la cour de Versailles*）では主に一七世紀、ルイ一四世時代の様々な宮廷作法《エチケット》を紹介するが、読み進めていくうちに、件《くだん》のマリー・アントワネットとデュ・バリー夫人のルールはそのほんの一部に過ぎないことがわかってくる。たとえば、どちらが先に扉を通るか、どの貴婦人のトレーンが最長であるべきか、肘掛け椅子、背もたれのついた椅子、長椅子のどれに座るかあるいは座ってはならないか、帽子を誰の前で脱ぐべきか否か。宮廷作法《エチケット》は身分や官職と複雑に絡み合って、国王も含む宮廷人たちをがんじがらめにしていく。と同時にルールの例にもれず、宮廷作法《エチケット》も宮廷という迷宮に一種の秩序を持たせる柱でもあった。そう考えると、これらのルールが現代の私たちの目にいかに理不尽で無意味に映ろうとも、その意義は決して些細なものではないのである。

本書ではこのテーマを、サン＝シモン公爵とダンジョー侯爵をはじめとする当時の回想録者たちの目を通して観察する。特にサン＝シモンの『回想録』の引用が多くを占めているが、ここで留意すべきは、本書で焦点となっているのは宮廷作法《エチケット》だけでなく、これを考察する回想録者たちの視線でもある。サン＝シモンが残したのは単なる当時の備忘録ではなく、彼自身の宮廷哲学――彼の宮廷作法《エチケット》への執着と、これを軽んじる者や風潮への敵意――であり、本書はサン＝シモンをはじめとする当事者の目から見た宮廷作法《エチケット》という二重構造になっている。

その前提として、本書冒頭でも触れられているように、いくつかのポイントを把握しておく必要がある。ルイ一四世は絶対王政を確立した君主として記憶されているが、「名門貴族」出身ではない者たちをも重用し、彼らの身分の裏付けとして貴賤結婚を促した。また一部の非嫡出子を格上げし、親王、公爵、同輩衆の地位と序列の見直しを図った。サン＝シモンはこれに猛烈に反発した一人だが、彼自身ももとはといえば父の代で公爵に叙された「新参者」だった。「新参者」であるからこそ、その特権に固執したともいえる。サン=シモンやダンジョーについての紹介は本書にあるので、多数の個性豊かな登場人物のうち、(わずかではあるが)二人の人物について若干の説明を付しておく。

エリザベート・シャルロット・ド・バヴィエール：ルイ一四世の弟オルレアン公フィリップ一世の二番目の妻。一人目の妻アンリエット・ダングルテールはイングランド王女で、ルイ一四世と不倫関係にあったといわれるほど魅力的だったが、唐突に他界し、毒殺説が流れた。エリザベートはプファルツ選帝侯の娘だったが、フィリップと政略結婚させられ、カトリックへの改宗を強いられた。フィリップは同性愛者で、結婚生活は決して幸福とは言えなかった。彼女は幼少期の経験から、道徳に関して潔癖なところがあり、ルイ一四世の寵姫モンテスパン夫人やマントノン夫人に激しい嫌悪感を示した。容姿にはあまり恵まれなかったが、自由を愛する闊達な性格で、「インクの大洋」と呼ばれたほどの筆まめさで膨大な書簡を記した。書簡では、歯に衣を着せぬ調子でマントノン夫人を「出来損ない」、トゥールーズ伯爵を「犬のふん」などと呼んだが、ライプニッツと書簡を交わすほどの才女でもあった。彼女の肖像画からはその勝気さのほどがうかがえる。

メーヌ公爵：ルイ一四世とモンテスパン夫人の間に生まれた庶子で、生まれつき足が不自由だった。虚弱体質で内気だったが、知的で、父からことに可愛がられた。三歳のときに嫡出子と認められ、一三歳の時点では多くの兄弟が他界し、国王の息子としては王太子とメーヌ公爵だけが残された。彼が二四歳のとき、ルイ一四世は嫡出子と認められた庶子たちのために親王と公爵同輩衆の間の身分を創設したが、これは後者の大反発を買った。ルイ一四世は死の直前に、嫡出子と認められた息子たちに国王即位への道を開き、彼らは親王と認められた。メーヌ公爵は父に働きかけて、政敵オルレアン公爵ではなく自分を将来のルイ一五世の摂政に指名する遺言状を書かせたが、国王没後は政争に敗れ、オルレアン公爵が摂政の座に就いた。親王に格上げされた庶子に対する公爵同輩衆の不満は収まらず、サン＝シモンを先頭にルイ一五世に働きかけ、ついにメーヌ公爵は親王の地位を失うことになった。

本書では予備知識が必要とされる箇所も少なくないが、理解の一助として適宜若干の説明を付け加えた。それでもわかりづらいところは多々残っているであろうし、錯誤もないとは言い切れず、心もとない。訳者の力不足としてご容赦、ご教示願いたい。

今回も編集者の大西奈己さんには大変お世話になり、途中で迷ったときにも有意義なアドバイスをいただいた。心より謝意を示したい。そして誰よりも、この本を手に取り、読んでくださった方々に深くお礼申し上げる。偉大なる世紀《グラン・シェークル》と呼ばれる、絶対王政と宮廷文化が確立されたルイ一七世時代の雰囲気を少しでも感じていただければ幸いである。

二〇二三年九月

ダコスタ吉村花子

Daria GALATERIA : "L' ETICHETTA ALLA CORTE DI VERSAILLES"
© 2016 Sellerio Editore Palermo
This book is published in Japan by arrangement with Sellerio Editore,
through le Bureau des Copyrights Français, Tokyo.

ヴェルサイユの宮廷生活《きゅうていせいかつ》

マリー・アントワネットも困惑《こんわく》した159の儀礼《ぎれい》と作法《さほう》

●

2023年11月4日　第1刷

著者……………ダリア・ガラテリア
訳者……………ダコスタ吉村花子《よしむらはなこ》
装幀……………和田悠里
発行者……………成瀬雅人
発行所……………株式会社原書房
〒160-0022 東京都新宿区新宿1-25-13
電話・代表　03(3354)0685
http://www.harashobo.co.jp/
振替・00150-6-151594
印刷……………新灯印刷株式会社
製本……………東京美術紙工協業組合
©Hanako Da Costa Yoshimura 2023
ISBN978-4-562-07348-1, printed in Japan

◆著者
ダリア・ガラテリア（Daria Galateria）
1950年イタリア、ローマ生まれ。作家、大学教授。ローマ・サピエンツァ大学文学部卒業。1981年からローマ・サピエンツァ大学でフランス語とフランス文学の教鞭をとる。プルーストの注釈版の編纂やヴェルサイユ宮殿とフランス革命に関する著作を発表している。

◆訳者
ダコスタ吉村花子（よしむら・はなこ）
翻訳家。明治学院大学文学部フランス文学科卒業。リモージュ大学歴史学DEA修了。18世紀フランス、アンシャン・レジームを専門とする。主な訳書に『マリー・アントワネットの暗号：解読されたフェルセン伯爵との往復書簡』、『マリー・アントワネットと5人の男』、『女帝そして母、マリア・テレジア』、『美術は魂に語りかける』、『テンプル騎士団全史』、『十字軍全史』、『中世ヨーロッパ全史』などがある。

図版

p. 22 © Look and Learn / Elgar Collection / Bridgeman Images
p. 29 © Tallandier / Bridgeman Images
p. 160 © De Agostini Picture Library / Biblioteca Ambrosiana / Bridgeman Images
p. 194 © Look and Learn / Elgar Collection / Bridgeman Images
p. 321 © De Agostini Picture Library / J. E. Bulloz / Bridgeman Images
上記以外は la Bibliothèque Nationale de France (© BnF)

原　注

昔々、ヴェルサイユでは……

Saint-Simon, *Mémoires*, 1715, éd. Y. Coirault, Paris, 1983-1988, t. V, p. 336. François-Régis Bastide, *Saint-Simon*, Paris, Seuil, 1953, p. 175 ; Yves Coirault, *Histoire sommaire des manuscrits de Saint-Simon*, in Saint-Simon, cit., t. I, pp. LVIII-LXXIV.

田舎の家：Primi Visconti, *Memorie di un avventuriero alla corte di Louis XIV*, sous la dir. d'Irene Brin, Palerme, Sellerio, 1992, p. 19.**「見送り」については、**Henri Brocher, *le Rang et l'étiquette sous l'Ancien Régime*, Paris, Félix Alcan, 1934, p. 30. Baron de Breteuil, *Mémoires*, éd. E. Lever, Paris, François Bourin, 1992, pp. 86 et 94.**「休息用長椅子」と枢機卿見送りの回避については、***Dictionnaire critique et raisonné des étiquettes de la cour, par la Comtesse de Genlis*, 1818, Paris, P. Mongie aîné éditeur, t. I, p. 189 et p. 320. *Journal et Mémoires du Marquis d'Argenson*, 1722, éd. E. J. B. Rathery, Paris, Renouard, Librairie de la Société de l'Histoire de France, 1859-67, t. I, 1859, pp. 13-14. Luynes, *Mémoires sur la cour de Louis XV*, éd. L. Dussieux et E. Soulie, Paris, Didot, 1860-65, t. II, p. 117.

古い特権、新しい特権：*Lettres inédites de la princesse des Ursins* par A. Geoffroy, Paris, Didier, 1859, p. 8 ; Jean-François Solnon, *La Cour de France*, Paris, Fayard, 1987, p. 407 ; Henri Brocher, *Le rang et l'étiquette sous l'ancien régime*, Paris, Félix Alcan, p. 48. Louis XIV, *Mémoires*, éd. J. Longnon, Paris, Tallandier, 1978, p. 150. Bussy-Rabutin, *Mémoires*, Paris, Lattes, 1987, p. 344. *Lettres de Madame de Sévigné*, 27 avril 1672, éd. Gerard-Gailly, Paris, Gallimard, 1953, t. I, pp. 530-31. Princesse Palatine, 1er octobre 1699, *Lettere*, Palermo, Sellerio, 1988, pp. 44-45. *Mémoires de Sophie de Hanovre*, Paris, Fayard, 1990, pp. 142 et suiv. Primi Visconti, cit., p. 117. Louis XIV, cit., pp. 105-106. Pascal, *Pensées*, 87 et 30, 75 (éd. M. Le Guern, Paris, Gallimard, 1977, p. 89 et pp. 74, 94) ; *Second discours sur la condition des grands*, éd. Chevalier, Pléiade, 1954, p. 618. Ezechiel Spanheim, *Relation de la Cour de France*, éd. E. Bourgeois, Paris, Mercure de France, 1973, p. 36.「芝居がかったような王の威厳」配下からの引用：Primi Visconti, cit., p. 114. *Lettres de Catherine de Médicis*, éd. H. de la Ferriere et G. Baguenault de Puchesse, Paris, A. Lesort, 1880-1943, 12 vol., t. II, pp. 90-95 ; in : Frédérique Leferme-Falguières, *Les courtisans. Une société de spectacle sous l'Ancien Régime*, Paris, PUF, 2007, pp. 226-29. 1576年8月11日と1585年1月1日の規則については以下を参照：B.N., Ms fr. 4581 et N.A.F. 7225, f° 35-84 ; ibidem, p. 227 ; *Avis donnez par Catherine de Médicis à Charles IX, pour la police de sa cour et pour le gouvernement de son Etat*, in *Archives curieuses de l'histoire de France*, par Cimbert et Danjou, 1835, t. V, pp. 246-259 ; et Eugène Griselle, *Etat de la Maison du roi Louis XIII... comprenant les années1604 à 1665*, Paris, Éditions de documents d'histoire, 1912. Fanny Cosandey, *Le Rang. Préséances et hierarchies dans la France d'Ancien Régime*, Gallimard, 2016, pp. 100-01. Saint-Simon, cit., t. V, p. 360.

身分違いの結婚：身分違いの結婚については以下を参照：Jose Cabanis, *Saint-Simon l'admirable*, Paris, Gallimard, 1974, pp. 32-33. Saint-Simon, cit., sur Chamillart, t. I, p. 642 ; sur La Feuillade, t. II, pp. 641-42 et 772 et suiv. ; sur Mazarin, t. V, p. 360. Leferme-Falguières, cit., p. 230. Pascal, *Pensées*,

éd. cit., p. 73. 大法官の折り畳み式床几については以下を参照：Saint-Simon, cit., 1699, t. I, pp. 648-49. Norbert Elias, *Die Hofische Gesellschaft*, 1969 (*la Société de cour*, Paris, Calmann-Lévy, 1974, p. 210).

宮廷の回想録作家たち：Saint-Simon, cit., t. I, pp. 313-315, et t. VII, pp. 706-71. Dangeau, 5 avril 1684 (*Journal du Marquis de Dangeau*, extrait du manuscrit original, par Madame de Genlis, Paris, 1817, t. I, p. 75). *Lettres de Madame de Sévigné*, cit., t. I, p. 666. Saint-Simon, cit., 1698, t. I, pp.569-570. Baron de Breteuil, *Mémoires*, cit., pp. 94, 228, 41. サンクト（父）については以下を参照：Saint-Simon, cit., 1715, t. IV, p. 661；1698, t. I, p. 569；1715, t. V, p. 724. Louis XIV, *Mémoires*, cit., p. 164, et *Supplément pour l'année 1666*, éd. Charles Dreyss, Paris, Didier & Co, 1860, B n. 3, t. II, p. 15.

サン＝シモンと回想録作家たち：Saint-Simon, 1707, t. II, p. 938. Duchesse de Lorraine, lettre du 22 avril 1717, et José Cabanis, *Saint-Simon l'admirable*, Paris, Gallimard, 1974, pp. 75-78. *Journal et Mémoires du Marquis d'Argenson*, 1722；éd. E. J. B. Rathéry, cit., t. I, 1859, p. 46. サン＝シモンの著作活動にどれほどの価値を置いていたかについては以下を参照：Saint-Simon, *Préambule aux maisons d'Albret, d'Armagnac et de Châtillon*, in：*Traités politiques et autres écrits*, éd. Yves Coirault, Paris, Gallimard, 1996, pp. 837-38. リオンについては以下を参照：Saint-Simon, 1716, cit., t. V, p. 819. Saint-Simon, 1693, cit., t. I, pp. 59-61. サン＝シモン時代の身分については以下を参照：Henri Brocher, cit., pp. 3-18. Montesquieu, *Le Spicilège*, 657 et 570, éd. Louis Desgraves, Paris, Robert Laffont, 1991, pp. 873-76, et Giovanni Macchia, *Ritratti, personaggi, fantasmi*, sous la dir. De M. Bongiovanni Bertini, Milano, Mondadori, 1997, pp. 472-73. Armand Baschet, *Le duc de Saint-Simon, son cabinet et l'historique de ses manuscrits*, Paris, Plon, 1874, pp. 17-25, 48 et 117, et passim；François-Régis Bastide, cit., pp. 173-77；Yves Coirault, cit., pp. LXXIII-LXXVIII.

スノビズム：Saint-Simon, 1721, cit., t. VIII, p. 251. Marcel Proust, *A la recherche du temps perdu*, éd. J.-Y. Tadie, Paris, Gallimard, 1987-1989, t. I, pp. 13-27.「軽蔑する者たちからの敬意を求める欲求」については以下を参照：J. Cabanis, cit, p. 216. Saint-Simon, *Préambule aux maisons d'Albret, d'Armagnac et de Châtillon*, cit., p. 837.

古　さ：Saint-Simon, 1694, cit., t. I, pp. 122 et suiv.；リュクサンブール（子）については以下を参照:id., 1696, cit., t. I, pp. 285 et suiv.；t. I, p. 1310, n. 8 p. 290. P.304

アパルトマン:Saint Simon, 1692, cit., t. I, p. 36. Madame de Sévigné, 12 février 1683, cit., t. II, p. 926. Saint-Simon, 1692, cit., t. I, p. 38.

ヴェルサイユの居室：Madame de Sévigné, 29 juillet 1676；*Lettres*, éd. Gerard Gailly, Paris, Gallimard, 1955, t. II, p. 154. Saint-Simon, cit., t. I, pp. 313-14, t. VII, p. 708.

ナプキンの特権：Solnon, cit., p. 54.

手の接吻：*Mémoires du duc de Luynes sur la cour de Louis XV*, cit., t. I, pp. 30-31. *Journal de la Régence 1715-23* par Jean Buvat, éd. E. Campardon, Paris, Plon, 1865, t. II, p. 304.

接吻：Breteuil, cit., pp. 235-238.

夜会服着用の舞踏会：Breteuil, cit., pp. 244-46. *Dictionnair critique et raisonné des étiquettes de la cour, par la Comtesse de Genlis*, cit., t. I, pp. 66-68 et 179-80. Dangeau, 5 octobre 1684, éd. Feuillet de Conches, Paris, Didot frères, 1854, t. I, p. 58. *Essai sur l'établissement monarchique de Louis XIV, précédé des Nouveaux Mémoires de Dangeau*, éd. P.-E. Lemontay, Paris, Deterville, 1818, pp. 14 et 10. Id., *Extraits des Mémoires du marquis de Dangeau par Madame de*

Sartory, Paris, Rosa, 1817, t. I, p. 14. Saint-Simon, 1706, cit., t. II, p. 704 ; 1707, t. III, pp. 45-54. Luynes, cit., t. XI, p. 49.

教会の長椅子：Luynes, éd. L. Dussieux et E. Soulie, cit., t. II, p. 471. Saint-Simon, 1696, cit., t. I, pp. 283-84 et n.1 p. 284.

国王の理髪師：Saint-Simon, 1697, cit., t. I, pp. 445-6. Id., *Additions à Dangeau*, 12 août 1710, cit., t. I, p. 1074.

大元帥の杖：Saint-Simon, 1693, cit., t. I, pp. 51-52. *Mémoires du duc de Croÿ sur les cours de Louis XV et Louis XVI*, par le vicomte de Grouchy, anno 1756, Paris, 1897, p. 166.

扉：Saint-Simon, 1699, cit., t. I, p. 670.

サッシュ：Breteuil, cit., pp. 88-89 et 94-95.

ブルー：Saint-Simon, 1710, cit., t. III, pp. 763-4.

縁なし帽：Saint-Simon, 1714, cit., t. V, p. 55, et t. V, pp. 3-140.

王のブーツ：Campan, cit., p. 23.

国王付き大膳部：Saint-Simon, 1708, cit., t. III, p. 131. Id., 1710, cit., t. III, p. 769.

手燭の特権：Saint-Simon, 1702, cit., t. I, p. 464. Croÿ, cit., pp. 56-57.

諸事勅許：Primi, cit., p. 61. *Mémoires de M. de La Porte, premier valet de chambre de Louis XIV*, Genève, 1756, pp. 257-58. Saint-Simon, 1711, cit., t. IV, pp. 321-28.

保留勅許：Solnon, cit., p. 352. *Mémoires du marquis de Sourches*, éd. G.-J. Cosnac et E. Pontal, Paris, Hachette, vol. XIII, 1883-93, t. IV, p. 461.

食卓盆：Saint-Simon, 1701, cit., t. II, p. 113 ; Brocher, cit., p. 92. Saint-Simon, 1720, cit., t. VII, p. 602.

聖体の入った聖杯：Madame de Genlis, cit., t. II, p. 165.

扉守備隊長：Saint-Simon, 1697, t. I, p. 419.

罠専門隊長：Solnon, cit., p. 40.

枢機卿：Saint-Simon, *Traités politiques*, cit., pp. 6, 10.

膝用クッション：Sebastiano Locatelli, Voyage en France (*1664-65*), éd. A. Vaultier, Paris, Picard, 1905, pp. 203-204. *Journal et Mémoires de Mathieu Marais sur la Régence et le règne de Louis XV (1715-1737)*, éd. Lescure, Paris, 1863, 4 vol., in Solnon, cit., p. 474.

王太子妃の馬車：Saint-Simon, 1699, cit., t. I, p. 629.

大臣の馬車：Saint-Simon, 1700, cit., t. I, p. 688.

国王の馬車：Saint-Simon, 1696, cit., t. I, p. 319 ; et Solnon, cit., p. 363. Dangeau, 19 mars 1687, éd. Lemontay, cit., p. 29.

サン・スイス：Saint-Simon, 1705, cit., t. II, pp. 638-39. Primi, cit., p. 120. Sourches, 11 mai 1698, cit., t. VI, pp. 31-32. Saint-Simon, 1705, t. II, pp. 639-41.

帽子：Saint-Simon, 1692, cit., t. I, p. 682. Marquis de Saint-Maurice, *Lettres sur la cour de Louis XIV, 1667-70*, éd. J. Lemoine, Paris, Calmann- Lévy, 1910, t. I, p. 477 ; Brocher, cit., p. 67. Dangeau, éd. par Madame de Sartory, cit., t. I, p. 202. Saint-Simon, 1698, cit., t. I, pp. 450-52. Princesse Palatine, 2 août 1705, cit.

シュミーズ：公爵殿については以下を参照：Saint-Simon, 1701, cit., t. II, p.16. *Récits d'une tante, Mémoires de Madame de Boigne*, éd. J. Cl. Berchet, Paris, 1971, t. I, p. 56 ; et Solnon, cit., p. 486. テュレンヌについては以下を参照：Dangeau, 30 novembre 1684, éd. P. E. Lemontay, Paris, Deterville, 1818, t. II, p. 11. *Mémoires de Madame Campan*, éd. Jean Chalon, Mercure de France, pp. 74-75.

国王付き外科医：Saint-Simon, 1702, cit., t. II, pp. 238-239. Id., 1720, cit., t. VII, p. 714 ; et n. 1 p. 1497, d'Y. Coirault. *Mémoires et réflexions du marquis de La Fare sur les principaux événements du règne de Louis XIV et sur les caractères de ceux qui y ont eu la principale part*, éd. Emile Raunie, Paris, Charpentier, 1884. *Mémoires pour servir à l'histoire de Louis XIV*

par l'abbé de Choisy, éd. G. Mongredien, Paris, Mercure de France, 1983, pp. 167-68. Saint-Simon, 1703, cit., t. II, pp. 329-30.

礼拝堂付き聖職者：Princesse Palatine, 19 novembre 1716.

鈴：Dangeau, éd. Sartory, cit., t. I, p. 228.

青綬佩用者：Croÿ, cit., pp. 172-74.

王妃のワイン調達係：Jacques Levron, *Les Inconnus de Versailles*, Paris, Perrin, 2009, pp. 15-16.

帽子と椅子：La Porte, cit., pp. 271-73 et 249-50. Dangeau, éd. Sartory, t. I, p. 19.

天蓋：Breteuil, cit., p. 163.

立ったまま座る貴婦人：Luynes, cit., t. V, p. 28.

王妃の独身の着付け係：Saint-Simon, 1691, cit., t. I, p. 65. Tallemant, cit., t. I, p. 337.

お付きの女性：Y. Coirault, in Saint-Simon, cit., t. I, p. 1178 (n. 9 p. 41). Saint-Simon, 1691, cit., t. I, p. 41. Id., 1698, cit., t. I, pp. 513-14.

王妃の寝台の女官：Saint-Simon, 1693, cit., t. I, p. 67.

「フランスの」：Brocher, cit., pp. 3-4.

後片付け：Saint-Simon, 1695, cit., t. I, pp. 245-46.

乳飲み子の喪：Saint-Simon, 1704, cit., t. II, p. 424.

王妃の喪：F. Leferme-Falguières, cit., pp. 150-151. Dangeau, 2 septembre 1684, éd. cit., t. I, pp. 85-86.

馬車の前：Luynes, cit., t. I, p. 198.

手を差し出す：外国王族については以下を参照：Saint-Simon, 1701, cit., t. II, pp. 111, 127, 768. Brocher, cit., p. 38. Saint-Simon, 1705, cit., t. II, p. 625. Id., 1702, cit., t. II, p. 208. Id., 1708, cit., t. III, pp. 317-18.

足用の敷物：Brocher, cit., pp. 40 et 129. Cardinal de Retz, *OEuvres*, éd. M.-Th. Hipp et M. Pernot, Paris, Gallimard, 1984, pp. 187-191.

女性も継承可能な公爵領：Sourches, 25 juin 1690, cit., t. III, 253 ; Saint-Simon, 1694, cit., t. I, p. 156. Id., 1726 ; t. IV, pp. 10-26 et 121-188, passim.

勅許状公爵：Saint-Simon, 1694, cit., t. I, p. 129. Brocher, cit., pp. 9-11.

聖水：Luynes, 10 octobre 1736, cit., t. I, p. 102. Jean-François Solnon, *La cour de France*, chap. XVII ; Paris, Fayard, 1987, p. 478.

黒いスカーフ：*Mémoires de Sophie de Hanovre*, anno 1679, cit., pp. 142 et suiv.

配膳係近習：Saint-Simon, 1710, cit., t. III, p. 1038.

猊下：Genlis, cit., t. I, p. 189.

国王の遊び相手：*Mémoires inédits de Louis-Henri de Loménie, comte de Brienne*, par F. Barrière, Paris, Ponthieu et Co., 1828, pp. 217-20. *Mémoires de M. de La Porte*, Genève, 1756, pp.254-55.

大使の着任：Louis XIV, cit., pp. 66-7, 90 et 104.

寝室入室特権：Saint-Simon, 1717, cit., t. VI, p. 169. Id., 1707, cit., t. III, p. 44. Solnon, cit., p. 358. Saint-Simon, 1723, cit., t. VIII, pp. 564-65.

後部扉からの入室：Saint-Simon, 1715, cit., t. V, p. 606. Id., 1717 ; cit., t. IV, p. 565. Id., 1723, cit., t. VIII, pp. 562-63.

夜の入室特権：Mémoires de Goldoni, éd. C. F. J. B. Moreau, Paris, Baudouin, 1822, octobre 1765, partie III, c. IX. P.307

司教同輩衆：Brocher, cit., p. 146. Luynes, cit., p. 119. Retz, éd. Feuillet, 1866, t. I, 155 ; t. IV, p. 18. Primi, cit., p. 50. *Mémoires du maréchal de Villars*, éd. Petitot, t. III, p. 115.

アカデミー会員の司教同輩衆：Saint-Simon, 1693, cit., t. I, p. 106 ; 1694, t. I, pp. 193-96.

ソルボンヌ大学の手袋：Brocher, cit., p. 50 et n. 1. Saint-Simon, 1698, cit., t. I, pp. 517-18 et 520-521. Sourches, 18 janvier 1698, cit., t. VI, p. 6.

王室家具保管係：Saint-Simon, 1715, cit., t. V, p. 199.

侍従：Choisy, cit., p. 88. Solnon, cit., pp. 409-10.

王太子付き侍従：Pascale Mormiche, *Devenir prince*, Paris, CNRS éditions,

2009, p. 24. Saint-Simon, 1896, cit., t. I, 484-85.

専任伝言侍従：Saint-Simon, 1704, cit., t. II, pp. 424-25.

給仕係：Saint-Simon, 1770, cit., t. I, p. 785. *Mémoires sur la vie privee de Marie Antoinette par Madame Campan*, Baudouin frères, 1823, t. I, p. 207.

ゴンドラ漕ぎ：Dangeau, 1685, in Pierre Verlet, *le Château de Versailles*, Paris, Fayard, 1985, pp. 193-94. Locatelli, 9 novembre 1664, cit., p. 113.

フランス王家の子女養育係：Saint-Simon, 1705, cit., t. V, p. 609. Primi, cit., p. 58. Saint-Simon, 1704, cit., t. II, pp. 433-34. Sourches, 24 mai 1704, cit., t. VIII, pp. 367-68.

フランス王家の子女教育係：Mormiche, cit., p. 472 n. 20 et 21：Luynes, cit., t. I, pp. 142 et 423. Saint-Simon, 1722, t. VIII, pp. 484-87.

酒類大管理官：Saint-Simon, 1699, cit., t. I, pp. 626-7.

大正餐：Luynes, cit., t. I, pp. 79-80.

スペインのグランデ：Breteuil, cit., pp. 221-24.

執務室への大入室特権：Saint-Simon, 1717, cit., t. VI, p. 170.

大狩猟官：Tallemant des Reaux, *Historiettes*, éd. Antoine Adam, Paris, Gallimard, 1960, t. I, p. 340. Saint-Simon, 1693, cit., t. I, pp. 59 et 61. 王太子の狼狩りに向ける熱意については以下を参照：Abel Poitrinau, *Louveterie*, in：François Bluche, *Dictionnaire du Grand Siècle*, Paris, Fayard, 1990, p. 911. Saint-Simon, 1696, cit., t. I, p. 322. Id., 1717, cit., t. VI, p. 162. Id., 1718, cit., t. VI, p. 633 et nn. 1 et 2.

請願審査官：Saint-Simon, 1714, cit., t. IV, p. 906 et n. 4.

王国狩猟頭：Saint-Simon, 1699, cit., t. I, p. 614.

王室修史官：Saint-Simon, 1699, t. I, pp. 609-10. *Mémoires sur la vie de Jean Racine*, Louis Racine, Paris, Didot frères, 1842, p. 21.

臣従礼：Saint-Simon, *Additions à Dangeau*, 7 novembre 1699, cit., t. I, p. 1121. P.308

オヌール：Saint-Simon, *Additions à Dangeau*, 22 janvier 1706, cit., t. II, p. 1054.

ルーヴルの栄誉：Spanheim, cit., p. 78.

マントの栄誉：*Mémoires de mademoiselle de Montpensier*, éd. A. Cheruel, Paris, Charpentier, t. IV, 1859, pp. 154-55. Saint-Simon, 1707, cit., t. III, pp. 58-60；1709, t. III, pp. 422-23. Id., *Traités politiques*, cit., p. 23. Id., 1693, cit., t. I, p. 53.

大使用迎賓館：Luynes, cit., t. I, pp. 30-31.

王太子妃用の聖体：*Nouveaux Mémoires de Dangeau*, éd. P.-E. Lemontey, cit., t. II, p. 14.

馬車用カバー：Brocher, cit., p. 35. Genlis, cit., t. I, p. 126. Saint-Simon, 1707, cit., t. II, p. 911.

身分秘匿：Saint-Simon, *Additions à Dangeau*, 12 mai 1704；cit., t. I, p. 1072. Id., 1699, cit., t. I, pp. 665-668 et 672. Id., 1704, cit., t. II, pp. 454-5. Breteuil, cit., pp. 164-65, 168-69, 177, 155-96. Saint-Simon, 1709, cit., t. III, pp. 331-32. Sévigné, 19 juillet 1675, cit., t. I, p. 765.

国王付き機械類長官：Charles Perrault, 13 mars 1672；*Mémoires de ma vie*, éd. P. Bonnefon, Paris, Librairie Renouard, H. Laurens éditeurs, 1669, pp. 127-29.

大使先導官：Breteuil, cit., pp. 98-141.

顕示のゲーム：Luynes, cit., t. IX, p. 500.

勅許状による細身のコート：Bussy-Rabutin, *Mémoires*, Paris, J. C. Lattes, 1987, pp. 344-45, et lettre du 9 novembre 1662, in *Mémoires* de Bussy-Rabutin, éd. L. Lalanne, Charpentier, 1887, t. II, pp. 133-34. Dangeau, 3 septembre 1688；éd. Lemontay, p. 40. Sévigné, 26 mai 1683, cit., t. II, pp. 938-39.

手洗い：Brocher, cit., p. 133.

王妃の寝台：*Journal et Mémoires du marquis d'Argenson*, mars 1719, éd. E. J. B. Rathery, Paris, Renouard, vol. 8；t. I, p. 190. *La Porte*, cit., p. 26.

ゆりかごのお目見え：*Journal de l'abbé de Véri*, éd. Baron Jehan de Witte, Paris, Plon, 1933, p. 171.

宮廷デビュー：Genlis, cit., t. II, pp. 70-73.

優先権：Saint-Simon, 1699, cit., t. I, pp. 582-87 ; Brocher, cit., p. 138. Saint-Simon, 1716, cit., t. VI, p. 78.

親王：Brocher, cit., pp. 5-7.

オペラの上演権：Perrault, cit., pp. 127-28. Saint-Simon, 1698, cit., t. I, p. 523 ; Sourches 22 juillet 1698, cit., t. VI, p. 48.

四分の一勤務：Princesse Palatine, 19 novembre 1716.

ドレスのトレーン：*Mémoires de Sophie de Hanovre*, 1679, éd. D. Van der Cruysse, Paris, Fayard, 1990, p. 149.

義援金集め：Saint-Simon, 1703, cit., t. II, pp. 411-16 et ivi, *Additions à Dangeau*, 28 decembre 1703, t. II, p. 1060.

見送り：Brocher, cit., p. 30. Genlis, cit., t. I, p. 189.

お辞儀：Genlis, cit., t. II, p. 193. Luynes, cit., t. VII, p. 88.

喪のヴェールでの挨拶：Saint-Simon, 1697, t. I, p. 412.

大法廷での敬礼：Saint-Simon, 1714, cit., t. V, p. 66.

サルヴ：Saint-Simon, 1703, cit., t. II, pp. 387-89.

国王の蝋人形師：Saint-Simon, 1704, cit., t. II, p. 542.

「尊顔麗しき」：Breteuil, cit., pp. 227-34.

国王のナプキン：Gazette de la Régence, 12 et 16 juillet 1717, éd. E. de Barthelemy, Paris, Charpentier, 1887, pp. 192-94.

折り畳み椅子：Saint-Simon, 1707, cit., t. III, p. 62, Id., 1711, cit., t. IV, p. 192. La Porte, cit., p. 34.

王のマント持ち：Sourches 2 juin 1691, cit., t. III, p. 423.

流浪の君主：Sévigné, 10, 14 et 17 janvier 1689, 26 janvier, cit., t. III, pp. 311, 317-20 et 330. *Survivance.* Saint-Simon, 1714, cit., t. IV, p. 770. Solnon, cit., p. 355. Sourches, mars 1688, cit., t. II, p. 147. Saint-Simon, 1719, cit., t. VII, pp. 443-44. Solnon, cit., pp. 351-52. Marion, cit., pp. 433-35.

テーブル：Brocher, cit., pp. 33-34. Saint-Simon 1700, cit., t. I, p. 785.

栄誉の食卓：Boigne, cit., pp. 35-36.

丸テーブル：Saint-Simon, 1692, cit., t. I, pp. 26-27. Charles Beslay, *Mes souvenirs : 1830-1848-1870,* **éd. G. de Bertier de Sauvigny, 1830, Paris-Genève, Ressources, Slatkine, 1979, p. 114.**

市庁舎のテーブル：Dangeau, éd. Sartory, t. I, pp. 61-62.

折り畳み式床几：Princesse Palatine, 10 novembre 1718. Dangeau, 28 septembre 1700, éd. Sartory, t. I, pp. 192-93.

寵愛の折り畳み式床几：Saint-Simon, 1694, cit., t. I, p. 130, et n. 8, p. 187. Id., 1696, cit., t. I, p. 272.

国王の寝台係：Evrard Titon Du Tillet, *Description du Parnasse français*, Paris, Coignard, 1732, p. 311. Louis-Marie Prudhomme, Révolutions de Paris n. 163, cit. in G. Lenôtre, *La vie à Paris pendant la Révolution*, Paris, Calmann-Lévy, 1936, p. 189.

脈をとる：Croÿ, cit., pp. 120-21.

カーテンを引く：La Porte, cit., pp. 33-34. Genlis, cit., t. I, p. 192. Croÿ, cit., p. 49. Breteuil, cit., p. 294.

裁判官席を横切る：Saint-Simon, 1707, cit., t. II, pp. 910-11 ; id.,1714, cit., t. IV, p. 811. *Mémoires de Madame de Staal-Delaunay*, 1717, éd. F. Barriere, Paris, Didot frères, 1853, p. 108.

王妃の近侍：Locatelli, cit., pp. 186-87.

国王に会う：Dangeau, éd. Sartory, t. I, pp. 123-24.

紫：Saint-Simon, 1698 ; t. I, pp. 472-73.